高校英语教学理论与实务研究

李双双　梁晓云　李海霞　著

吉林人民出版社

图书在版编目（CIP）数据

高校英语教学理论与实务研究 / 李双双，梁晓云，李海霞著. -- 长春：吉林人民出版社，2023.11

ISBN 978-7-206-20686-3

Ⅰ. ①高… Ⅱ. ①李… ②梁… ③李… Ⅲ. ①英语—教学研究—高等学校 Ⅳ. ①H319.3

中国国家版本馆CIP数据核字(2023)第215129号

高校英语教学理论与实务研究
GAOXIAO YINGYU JIAOXUE LILUN YU SHIWU YANJIU

著　　者：李双双　梁晓云　李海霞	
责任编辑：赵梁爽	封面设计：张田田

出版发行：吉林人民出版社（长春市人民大街7548号　邮政编码：130022）

印　　刷：廊坊市广阳区九州印刷厂

开　　本：787mm×1092mm　　1/16

印　　张：10.25　　　　　　字　　数：160千字

标准书号：ISBN 978-7-206-20686-3

版　　次：2023年11月第1版　　印　　次：2023年11月第1次印刷

定　　价：68.00元

如发现印装质量问题，影响阅读，请与出版社联系调换。

前　言

英语作为通用的国际语言，已经成为求职、就业和升职加薪的必备条件之一。随着产业结构的调整和劳动组织的优化，经济建设的重要力量开始转向服务于一线的高级技术应用型人才。作为高校教育重要组成部分的英语教学，既要衔接好基础英语的教学，更要体现高等职业教育的特点。

随着社会的发展，社会对于人才的综合素质要求越来越高，所以高校英语教学模式的构建和改革迫在眉睫。如今传统英语课堂教学模式已无法适应新形势下的教学要求，需积极建构各种教学模式理论并应用于教学实践，以改善高校英语课堂现状。生态教学、翻转课堂教学、混合式学习以及多维互动教学等新型教学模式的提出与运用，改变了传统大学课堂沉闷、枯燥和被动的学习氛围，大大提高了大学生的英语学习与运用能力，对学生的身心与个性发展也极为有利。

本书从高校英语教学的理论基础入手，详细地介绍了高校英语的教学模式，并重点分析了高校英语教学中的思维模式，以及高校英语教学中的词汇与语法教学、高校英语教学中的语言实务教学，最后在高校英语教学中教师专业化发展的必要性方面做出重要探讨。希望通过本书的介绍，能够为读者提供高校英语教学理论及实务研究方面的帮助。

本书主要汇集了笔者在工作、实践中取得的一些研究成果。在撰写过程中，笔者参阅了相关文献资料，在此，谨向其作者深表谢意。由于水平有限，加之时间仓促，书中难免存在一些不足和疏漏，敬请广大读者批评指正。

作者

2023 年 5 月 5 日

目录

第一章 高校英语教学的理论基础 … 1
第一节 高校英语教学的基本关系 … 1
第二节 高校英语教学的基本原则 … 7
第三节 高校英语教学的基本目标 … 12
第四节 高校英语教学的方法和手段 … 15

第二章 高校英语的教学模式 … 19
第一节 英语教学法 … 19
第二节 以学生为中心的教学模式 … 22
第三节 任务型教学模式下学生自主学习能力的培养 … 24
第四节 整体化教学模式 … 27
第五节 ESP框架下的大学英语教学模式 … 30

第三章 高校英语教学中的思维模式探究 … 45
第一节 创新思维与英语教学 … 45
第二节 模仿思维与英语教学 … 48
第三节 艺术思维与英语教学 … 53
第四节 理科思维与英语教学 … 56
第五节 思维模式负迁移与英语教学 … 59
第六节 英语教学中思维模式的培养 … 63

第四章 高校英语教学中的词汇与语法教学 … 66
第一节 对词汇教学的理解 … 66
第二节 词汇教学的策略 … 70
第三节 对语法教学的理解 … 77
第四节 语法教学的策略 … 79

第五章 高校英语教学中的语言实务教学…………………………… 84

第一节 高校英语阅读教学…………………………………… 84

第二节 高校英语听力教学…………………………………… 98

第三节 高校英语写作教学…………………………………… 109

第四节 高校英语口语教学…………………………………… 121

第五节 高校英语翻译教学…………………………………… 134

第六章 高校英语教学中教师专业化发展的必要性………………… 145

第一节 教师专业发展对高校英语教师的要求……………… 145

第二节 高校英语教师在教师专业发展中的作为…………… 146

第三节 教师专业发展的内在动力——反思性教学………… 150

参 考 文 献……………………………………………………………… 155

第一章 高校英语教学的理论基础

第一节 高校英语教学的基本关系

一、英语与汉语之间的关系

汉语是中国人的母语，少年儿童在开始学习英语前已经能够比较好地使用汉语进行交际，也就是说，他们已经掌握了一定量的汉语词汇和基本语法，也具备了使用汉语进行听说和读写的能力。而英语是他们作为一门外语来学习的目标语。在谈到母语和目标语之间的关系时，人们经常谈到的是"迁移"的问题。迁移本来是一个心理学术语，指学习过程中学习者已有的知识或技能会对新知识或技能的获得产生影响。20世纪50年代，语言教学研究吸纳了迁移理论，认为母语迁移会影响外语学习。迁移是外语学习者经常采用的一种学习策略，指学习者利用已知的语言知识去理解新的语言，这种现象在英语学习的初级阶段出现得最为频繁，因为此时学习者对英语的语法规则还不熟悉，此时只有汉语可以表达，因而汉语的内容很容易被迁移到英语之中。如果母语对目标语的学习起到了积极的影响，这种现象被称为正迁移；如果母语对于目标语的学习起到了消极的影响，则被称为负迁移。

（一）语音迁移

语音迁移是语言迁移中最为明显也是最为持久的现象。人们普遍认为第一语言对第二语言的学习具有很大的影响，最为明显的证据就是第二语言学习者的外国口音。英语和汉语分属不同的语系，两者在语音方面存在很大的差异。第一，汉语是一种声调语言，用四声辨别不同的意义。而在英语中，语调起着非常重要的作用，这一点很容易给北方的学生造成特殊的语音语调的困难。第二，英语和汉语的音素体系差别较大，两种语言中几乎没有发音完全一样的音素。

（二）词汇迁移

初学英语的人很容易认为英汉语的词汇存在着一一对应的关系，每个汉语词汇都可以在英语中找到相对应的单词。其实，一个单词在另一种语言中的对应词可以有几种不同的意义，因为它们的语义场不相吻合，呈现重叠、交叉和空缺等形式。例如，汉语中的"重"一词在英语里有"heavy"与之对应，但是"heavy"的意义与"重"一词并不是完全吻合的，在英语中，我们可以发现许多表达方法，并不是汉语中的一个"重"字所能解决的。初学英语的人往往会把汉语的搭配习惯错误地转移到英语之中，于是出现了许多不合乎英语表达习惯的句子。英汉两种语言文化的差异也会导致两种语言词汇意义的差异。除少量的科技术语、专有名词在两种语言中意义相当之外，其他词汇的含义在两种语言中都或多或少地存在着差异，而这些差异都有可能导致负迁移现象。

（三）句法迁移

句法就是组词造句的规则，也就是传统所说的语法。英汉两种语言在句法方面有一些相同之处，也存在着很大的差异。首先，汉语是一种分析性语言，没有严格意义上的形态变化，主要通过词序和虚词的使用来表达各种句法关系。英语和汉语的这种差异很容易给中国的英语学习者造成困扰，尤其是对于初学者来说，他们很容易受到汉语的影响，在使用英语时忘记词汇形态的变化，例如名词的单复数、代词的主格与宾格形式、动词的时态变化等。其次，英语重形合，句子中的词语和分句之间常通过语言形式手段（如关联词）来表达意义和逻辑关系。汉语则重意合，其意义和逻辑关系往往通过词语和分句的意义表达。受此影响，中国学生在使用英语时常按照汉语的习惯只是简单地把一连串的单句罗列在一起，不用或者很少使用连词。另外，英语和汉语在静态和动态方面也呈现出一定的差异。英语多倾向于用名词，因而叙述呈静态，而汉语多用动词，其叙述呈动态，例如"He is a good eater and a good sleeper."这个句子中只用了eater和sleeper两个名词，而相对应的汉语应该是"他能吃能睡。"如果要求学生把这个汉语句子译成英语，他们可能首先想到是"He eats and sleeps well."英语名词化的特点使许多中国学生感到不适应，在写作中这一点表现得最为突出。

迁移并非总是坏事。有时候，由于英汉两种语言之间存在着很多相似或者吻合的地方，中国学生在学习英语时可以利用已有的汉语知识促进英语的学习。例如，汉语中的形容词都位于它所修饰的名词之前，而英语也同样如此，当学生学习了beautiful和flower两个词之后，就会很自然地说出"a beautiful flower"。英语和汉语句子结构的相似性也使得正迁移成为可能。

克服负向迁移，促进正向迁移。在对待汉语和英语之间的关系方面，有两种截然相反的态度，但都是不可取的态度。一种是依靠汉语来教授英语，这显然是不可取的。英语教学的目的，首先是培养学生使用英语进行交际的能力。这种能力必须使学生大量接触英语和使用英语才能获得。而英语教学的课时有限，要想在有限的课时内，最大限度地使学生接触和使用英语，就必须尽可能地使用英语进行课堂教学。对于我国的英语学习者来说，汉语是他们的母语，学生在学习英语时会自觉或不自觉地与汉语进行比较，如果在教学过程中过多地采用汉语，学生就会很难摆脱对汉语的依赖，容易养成以汉语为"中介"的不良习惯，在听说读写等语言活动中会不断地把听到的、读到的以及要表达的英语先转换成汉语，这样就很难使用英语，也不可能写出或讲出地道的英语。另外一种是完全摆脱汉语，全部用英语教学，这不仅难以做到，而且是不可取的。英语课堂上使用汉语要注意以下两点：（1）汉语作为教学手段，使用方便，易于理解，但是汉语利用不能过多。在解释某些意义抽象的单词或复杂的句子时，如果没有已经学过的且合适的词汇可以利用，可以适当使用汉语进行解释，另外也可以对发音要领、语法等难以用英语解释的内容使用汉语进行简要的说明。（2）利用英语和汉语之间的比较，可以提高教学的预见性和针对性。某些内容为英语所特有，学生学起来就比较困难，教师应该有针对性地将其作为教学重点，适当增加练习量。对于两种语言中相似但是又不相同的内容，学生很容易受到汉语的干扰，教师在教学过程中要对此方面多加注意。

二、语言知识与语言技能之间的关系

语言知识包括语音、词汇、语法三个方面的内容。语言知识是综合英语运用能力的有机组成部分，是发展语言技能的重要基础，使学生掌握一定的英语基础知识也是英语教学的基本目标之一。语言是交际的工具，而语言首先是有声的，正是通过人的发音器官发出的声音，才能达到交际的目的。在英语中，语音与语法、构词法、拼写都有关系。很好地掌握语音，不但有利于听说技能的获得，而且有助于语法和词汇的学习。

词汇包括英语中的单词和习惯用语。词这一概念是我们非常熟悉的，但是对词下一个准确的定义却不容易。语言学家对词下定义时说法不一，措辞不同。概括来说，词是语音、语意和语法特点三者的统一体，是语句的基本结构单位。每个词都有一定的语音形式。在口语中，主要通过语音来区别于其他的词。每个词都有一定的意义，这些意义根据其层次又可以分为字面意义和隐含意义两种。字面意义就是词的"本义"，隐含意义则是指词的本义以外的意义，即附加意义。

英语中的习惯用法又称习语，具有语义的统一性和结构的固定性两个特点。习惯用法是固定的词组，在语义上是一个不可分割的统一体，其整体意义往往不能从组成该用语的各个单词的意义中推测出来，词汇是构筑语言的材料，拥有大的词汇量并不意味着一定会具备很好的语言能力，但是，要想具备较好的语言技能则必须掌握足够的词汇。

语法是指对一种语言的结构的描述，其说明词和短语等如何结合起来才能形成句子。语言是词的一种线性排列，这种排列不是任意的，而是遵循一定的规则，这种规则是本语言社团所共同接受的。不同的语言具有不同的语法，汉语与英语的语法就具有很大的差异，英语学习者要想使用英语进行交际也必须遵守英语的语法规则。

语言技能指运用语言的能力，包括听、说、读、写四个方面，其中说和写被称为产出性技能，而读和听被称为接受性技能。听是分辨和理解话语的基础，即听并理解口语语言的含义；说是应用口语表达思想，输出信息的能力；读是辨认和理解书面语言，即辨认文字符号并将文字符号转换为有意义的信息输入的能力；写是运用书面语言表达思想，输出信息的能力。听、说、读、写是学习和运用语言必备的四项基本语言技能，是学生进行交际的重要形式，是他们形成综合语言运用能力以及获取信息和处理信息的重要基础和手段。

三、教师与学生之间的关系

教师与学生都是英语教学活动的实践者，能否正确地处理两者之间的关系，对于英语学习的成败起着重要的作用。如果把英语教学比作一场戏剧，那么教师就是导演，学生就是演员。两者之间要密切地协调配合，教学质量才能有所保证。

学生是学习的主体，英语教学要以学生为中心。教师的主要职责是引导和帮助学生学习英语，因此，教师要善于根据学生的生理和心理发展的特点认真研究教学方法，排除学生在学习上的心理障碍，调动学生学习的主动性和积极性。教师还要面向全体学生，因材施教，发挥不同学生的特长。另外，教师还要帮助学生养成良好的学习习惯，培养学生自学的能力。在尊重学生的主体性以及强调以学生为中心的理念时，要充分考虑学生的个体差异，与英语学习相关的个体差异主要包括动机与学习态度、性格和认知方式等。

学习态度与动机是影响英语学习的重要情感因素，英语学习的成功在很大程度上依赖于强烈的动机和端正的态度。如果学习者对讲英语的人和英语教师产生反感，学习的动力自然就会消退，学习的成功也就无从谈起。根据产生的根源，可以分为内在动机和外在动机。内在动机来自个人对所做事情本身的兴趣；外在动机是外部因素作用的结果，如父母的赞同、奖赏、惩罚、考试的高分等。内在动机和外在动机之间相互影响，教师在培养学生内在动机的同时，也要注意对学生外在动机的培养。态度指个人对事物或人的一种评价性反应。态度有三个组成部分：认知、情感和意动。认知指个人对事物的信念；情感指对事物的褒贬反应；意动指个人对待事物或采取行动处理事务的倾向。第二语言习得的研究表明，学习外语的态度和学习成绩之间的相关程度高于学习其他学科的态度和成绩之间的相关程度。

性格与英语学习也有很大的关系，自信、开朗、认真负责的学生往往会取得学习的成功，而影响外语学习的主要性格特征包括内向与外向、焦虑、抑制等。具有外向性格的学生开朗、热情、善于交际，很容易给人留下好的印象，一般为他们更适合学习外语而性格内向的学生喜欢沉默，不好动，不善于表达自己的思想，往往被人认为不适合学习外语；外向型的学生更愿意在课堂上和课外使用英语，愿意提问题，回答问题，不怕犯错误，不怕出洋相，因此他们的语言流利程度发展得会更快些。而性格内向的学生则更愿意花更多的时间去练习和研究语言形式,因此,他们对语言结构的理解可能会比外向的学生更全面、准确。

在英语教学中要注意根据学生的特点进行有针对性的引导。内向型的学生需要一种鼓励性的、轻松的课堂气氛,这样他们才乐于"冒险",愿意尝试着使用英语。而对于外向型的学生则要有策略地提醒他们注意语言的准确性。过分的焦虑会阻碍英语学习,但是,没有一点焦虑感也不利于英语学习。以考试为例,焦虑可以被分为促进性焦虑和退缩性焦虑两种。前者可以使学生产生学习动力,迎接新的学习任务,而后者则使学习者逃避学习任务。其实,焦虑不是一种孤立的现象。除了受到人的性格因素的影响之外,学习的环境、学习任务的性质、个人先前经验等因素都会对焦虑的产生起作用。在做事情之前,尽可能做好准备,明确目标,预测可能出现的各种困难,找出克服困难的方法,同时还要看到成绩,提高自信心。这样,过度的焦虑自然就消失了。抑制是一种具有保护性能、抵制外部威胁的心理屏障,它与人的自尊心有着密切的关系。

认知方式是指人们组织、分析和回忆新的信息和经验的方式。就认知方式来讲,英语学习者可以分为两种类型:场依存和场独立。测量场依存型时,让学习者观看一个复杂的图案,并找出隐藏在图案内部的简单的几何图形。这样做目的是看他们是否能够把看到的东西分解成若干部分,并能使这些部分脱离整体。这种测验也适用于其他语言学习者,因为他们也要从上下文中把语言项目分离出来才能理解它们。例如,在读一页材料时,他们必须能够识别词、短语和句子,并能理解这些部分如何结合起来构成一个整体。场依存型的学习者具有以下特点:他们对教师提供的语言信息不加分析,不加思考,教师如何教授,他们就如何接受。这类学生特别依赖别人对他们的看法,在很大程度上靠别人鼓励,他们给别人的印象是直率,对别人感兴趣,使用英语与别人交往的技能可能会发展较好。场独立型学习者对自己本身有很强的意识,往往对别人不太敏感,不喜欢接近别人。场独立型学习者在外语结构知识方面学习起来更容易些。

第二节 高校英语教学的基本原则

一、交际性原则

语言是交际的工具，人们主要通过语言来交流思想、传递信息。交际是在特定语境中说话者和听话者、作者和读者之间的意义转换。由此定义我们可以得出以下几点启示：（1）交际包括口语和书面语两种形式；（2）交际总是发生在一定的语境之中；（3）交际需要两个以上的人参与并产生互动。

学习英语的首要目的就是使用英语进行交际，而英语教学的首要目标就在于培养学生的交际能力。交际能力的核心就是能够运用所学的语言知识在不同的场合下与不同的对象进行有效得体的交际。因此，我们在英语教学中首先要贯彻交际性的原则，使学生能用英语与人交流，要在教学过程中努力做到以下几点：

充分认识英语课程的重要性。英语课首先是一种技能培养型的课程，要把语言作为一种交际的工具来教、来学、来使用，而不是把教会学生一套语法规则和零碎的词语用法作为语言教学的最终目标，要使学生能用所学的语言与人交流，获取信息。在教学过程中，教、学、用三个方面构成一个有机的相辅相成的整体，其中的核心在于使用。因此，教师转变以往陈旧的教学观念以及认清课程的性质才是落实交际性原则首先需要解决的问题。

创设情境，开展多种形式且丰富多彩的交际活动。语言是交际的工具，而交际的发生总是处于特定情境之中。情境包括时间、地点、参与者、交际方式、谈论的题目等要素。在某一特定的情境中，讲话者所处的时间、地点以及本人的身份都制约他说话的内容、语气等。因此，在基础英语教学中，要使教学的内容置于一种有意义的情境之中。而且，在一定的情境之下学习英语，可以使学生身临其境，提高学习英语的兴趣。因此，英语教学活动要充分考虑交际性的特点，结合教材的内容，尽量利用各种教具，创设与学生生活密切相关的各种情境，进行真实或生动的英语交际训练活动，这样不仅使学生学有兴趣，学有成效，而且能够做到学用结合。

注意培养学生语言使用的得体性。英语教学的首要目标在于培养学生进行有效交际的能力，传统的英语教学只偏重语法结构的正确性，而根据交际性原则，学生要具备良好的交际能力，需要能够在适当的时间、适当的地点，以适当的方式，向适当的人讲适当的话。这一点与上面一点密切相关，创设情境，开展多样的交际活动，课堂游戏、讲故事、猜谜语、编对话、角色扮演、话剧表演、专题讨论或者辩论等，都有助于学生在创设的情境中充分表现自己，从而掌握地道的语言。

精讲多练。英语课堂的工作不外乎讲和练两种，前者是指讲授语言知识，后者是进行语言训练。在课堂上，适当地讲授一些语言知识是必要的，可以提高学习的效果。就如同学习游泳一样，在下水之前，教师会讲解一些注意事项以及游泳的动作要领，其有助于提高学生在水里的训练效果。但是，英语首先是一种技能，技能只有通过实际训练才能获得。因此，教师必须清楚，讲解的目的在于帮助学生更好地训练。在语言训练的过程中，要针对学生的具体问题给予"画龙点睛"式的提示，这不仅有利于学生语言交际能力的培养，还有助于学生养成良好的学习与思维习惯。在进行必要的讲解之后，要给学生留出足够的训练时间。

注重教学内容与教学活动的真实性，贴近学生的生活。语言与现实生活密切相关，教学活动的设计与教学内容的选择一定要考虑这一因素。在英语教学中，要把语言和学生所关心的话题结合起来，要给学生提供内容丰富的、题材广泛的、贴近学生生活的信息材料。另外，教学内容的真实性还要求教材的语言和教师的语言是真实的，就是说教材的语言和教师的语言应该是英语本族人在交际过程中所使用的语言，而不是专为教学而编写出来的。

二、兴趣性原则

我国古代教育家孔子把学习分为三个不同的层次：知学、好学和乐学，认为"知之者不如好知者，好知者不如乐知者"。兴趣是最好的教师，是学生学习英语的最强有力的动力。"学习兴趣是学生积极探求事物并带有感情色彩的认知倾向。它可以使学生在学习活动中变得积极主动，从而获得更好的学习效果"。周娟芬指出，学习兴趣有定向功能、动力功能、支持功能和偏倾功能。（1）定向功能。学习兴趣作为影响学习过程的一种非智力因素，其作用是最为明显，也最为持久的，它往往决定着学生的进取方向，可为学生一生的事业奠定基础。（2）动力功能。学习兴趣与人的情感活动密切相关，可以直接转化为学习动力。当学生对英语学习具有浓厚的兴趣时，学习就不再是一种负担，而是一种乐趣。（3）支持功能。英语学习是一个漫长而复杂的过程，往往伴随着许多的困难与挫折，学习兴趣有助于克服困难、战胜挫折、保持旺盛的精力，对学习起着促进的作用。（4）偏倾功能。人们往往从自己的兴趣出发去审视事物，表现在英语学习上就是每个学生的兴趣不同，他学习的侧重点也就有所不同。有的学生对记忆单词特别感兴趣，有的学生特别喜欢阅读英语文章，还有一些学生特别喜欢用英语书写东西。对于这些侧重点的差异，教师需要因势利导，在学生原有侧重点的基础上将其引导到全面并且正确的轨道上来。为了激发和培养学生学习英语的兴趣，我们应该做到以下几点：

充分了解学生的生理与心理特点，尊重学生的主体性。学生是学习的主体，是整个学习过程的核心承载者。基础英语教学要从学生的心理和生理特点出发，改变传统的学习方式，让学生通过体验和实践进行学习。传统的语言学习方式强调学生在初级阶段要学好音标，学好语法，记忆一定量的词汇。英语课程必须从学生的心理和生理特点出发，遵循语言的学习规律，从改变学生的学习方式入手，通过听做、说唱、玩演、读写和视听等多种活动方式，达到培养兴趣、形成语感和提高交流能力的目的，尤其是在学习的初级阶段更要如此。

防止过于强调死记硬背、机械操练的教学倾向。英语学习需要一定的死记硬背和机械练习的活动，但过多的机械性操练很容易导致课堂教学的死板与乏味，容易使学生失去或者降低学习英语的兴趣。为此，应该重视科学地设计教学过程，使学生掌握知识内容、技能实践和学习策略，这些都需要很逼真的情境，以营造学生思维的教学环境，帮助学生通过各种渠道获取知识，加速知识的内化过程，使他们能够在听、说、读、写等语言交际实践中灵活运用语言知识，变语言知识为英语交际的工具。这样，学生在获得交际能力的同时，综合素质也会得到提高，学生的学习兴趣才会得到巩固与加强。

挖掘教材，激情引趣。教材是英语教学的核心，教师要想最大限度地调动学生的积极性，就要在备课中认真地研究教材，挖掘教材中的兴趣点，使每节课都有新鲜感，都有让学生感兴趣的内容和活动。

善于发现学生的进步，多鼓励表扬，培养学生的自信心和成就感。对于学生来说，学习兴趣的保持在很大程度上取决于学习的效果，取决于他们能否获得成就感。因此，教师要通过多种激励方式，如奖品激励、任务激励、荣誉激励、信任激励和情感激励等，激发学生积极参与、大胆实践、体验成功的喜悦。

增强教师与学生之间的交流。一个班级的学生来自不同的家庭与环境，教师要平等地对待每一个学生，对学生充满爱心，通过各种形式与学生进行交流，真心地与学生交朋友，用自己对工作、对学生的热爱去影响学生。而且教师要活泼，富有幽默感，懂得学生的尊重与喜欢。实践表明，一个学生对某一门课程喜欢与否，往往取决于他对于该授课教师的态度。另外，教师还要寓思想教育于教学之中，结合英语教学培养学生的道德情感和对英语学习的热情，创造和谐、舒适的课堂气氛，注意保护学生的自尊心。好的情绪在学习中就会变为一种兴趣和动力。教师在严格要求学生的同时，还要给学生创造一种和谐的学习氛围，可以通过一个眼神、一个手势、一个微笑或一句赞许的话去影响学生。

三、灵活性原则

灵活是兴趣之源，灵活性原则是兴趣性原则的有力保障。语言是生活的必要组成部分，是一个充满活力、不断发展的开放性系统。语言本身的性质以及学生的自身特点要求我们在英语教学中要遵循灵活性的原则，要在教学方法、语言学习和语言使用方面做到灵活多样且富有情趣。

（一）教学方法的灵活性

在英语教学史上出现了多种不同的教学方法和流派，例如语法翻译教学法、视听教学法、交际教学法等，每种方法都有其自身的优势与不足，教师应该兼收并蓄、集各家所长，切忌局限于某一种所谓流行的教学方法。英语教学包括语言知识和语言技能两个方面，语言知识包括语音、词汇、语法等内容，而不同的语音、不同的词汇、不同的语法项目都具有不同的特点。语言技能包括听、说、读、写四个方面，其中又包括许多微技能。而学习者存在个体差异。因此，在英语教学过程中要综合学生、教学内容以及教师自身的特点，创造性地开展多种多样的教学活动，充分体现教学方法的多样性和创新性，使英语课堂新鲜有趣，从而激发学生学习英语的热情，挖掘学生的潜能。教学的内容也要体现多样性的原则，不仅要教英语，还要教学习方法，结合英语教学教学生为人处世的方法。

（二）学习的灵活性

教学方法和教学内容的灵活性可以有效地带动英语学习的灵活性。要努力改变以往单纯的死记硬背的机械性学习方法，帮助学生探索合乎英语语言学习规律和符合学生生理、心理特点的自主性学习模式，使学生能够自我激励、自我监控；静态与动态结合；基本功操练与自由练习结合；单项和综合练习结合。通过大量的实践，使学生具有良好的语音、语调、书写和拼读的基础，并能用英语表情达意，开展简单的交流活动，从而开发听、说、读、写综合运用语言的能力。

（三）语言使用的灵活性

英语学习的关键在于使用，教师要通过自身灵活地使用英语来带动学生使用英语。教师应尽可能多地用英语组织教学、用英语讲解、用英语提问、用英语布置作业等，使学生感到他们所学的英语是活的语言。英语教学的过程不应只是学生听讲和做笔记的过程，而应是学生积极参与，运用英语来实现目标、达成愿望、体验成功、感受快乐的有意义的交际活动过程。

四、宽严结合的原则

所谓的宽与严是指如何对待学生在学习过程中所出现的语言错误，也就是如何处理准确和流利之间的关系。外语学习是一个漫长的内化过程，学生从开始只懂母语，一直到最后掌握一种新的语言系统，需要经历许多不同的阶段，从中介语的观点来看，在各个阶段，学生所使用的语言是一种过渡性语言；它既不是母语的翻译，也不是将来要学好的目标语。这种过渡语免不了会有很多错误。传统的分类方法将错误分为语法、词汇和语言错误。语法错误又被进一步分为冠词、时态、语态错误等。这种分类方法主要基于语言形式，往往忽视了语言的交际使用。对于各种错误的分析，是第二语言习得研究的重要课题，因为通过对于这些错误的分析，可以发现学生的学习策略，其实这些策略也正是学生出现这些错误的原因。第一个原因就是迁移。需要说明的是，许多人都想当然地认为迁移是外语学习者产生错误的主要原因，但是经过研究表明，由母语干扰所造成的错误在所有错误中所占的比例并不高。第二个原因是过度概括。学习者根据他所学的语言结构做出概括，然后去创造出一些错误的结构。

语言错误是学习英语过程中的必经阶段。出错—无意识错误—出错—意识错误—出错—自我纠正错误，是每一个英语学习者的必经之路，没有这个过程就不可能达到流利的程度。因此，要鼓励学生不怕出错，而且要耐心地倾听学生"支离破碎"的英语，并给予纠正指导。一方面，教师要坚持用正确的语言熏陶学生；另一方面，当学生的语言错误影响到信息的传递时，要在鼓励的前提下进行必要的纠正，从而保证学生以后使用英语的准确性。也就是说，在英语教学中，教师应该采取宽严结合的方法，当以交流为目的时，对学生的语言错误采取宽容的态度；当以语法学习为目的时，则采取严格的态度。这样宽严结合，既能保证学生具有扎实的语言基础，又能很好地鼓励学生大胆使用英语。

宽严结合的原则实际上就是要正确处理准确和流利之间的关系。"没有准确，流利就失去基础"这句话是对的，但是这种说法只强调了准确的重要性，正确的态度应该是"既要强调准确性，又要重视流利程度"。

第三节　高校英语教学的基本目标

一、帮助学生理解英语

"教师使学生懂英语"这个过程仍然是一个使能过程，但不是使学生掌握技能和学习本领，就像开车和修理机器一样，而是使学生开动脑筋，学习语言知识。学生的学习过程不是一个行为过程，而是一个心理过程，教学的中心仍然是学生。

在这个过程中，学生是中心，是关键的参与者，而教师只是帮助者和使能者，与第三种情况相同。但是，在此过程中学生不是学会做事，而是要拓展他的思维活动，获得新的知识。教师的任务是提供学生所需要的一定量的知识。这里需要考虑的是"知识"一词。学习语言通常认为有两种方式：学习语言和学习有关语言的知识。在此，知识纯粹是有关语言的特点和运用的知识。但掌握语言知识也可以称为懂英语。它既表示学习英语意味着学会有关语言的知识，也表示学会说这种语言。这两种解释实际上代表了两种不同的教学模式。从第一种模式的角度讲，学习知识可以只让学生理解和记忆即可，而没必要让学生去进行实际的操练和实践，其重点主要是心理活动。从第二种模式的角度讲，学生不仅要理解和记忆所学的知识，还要学会实际的语言运用技能，学会把所学的知识运用到实际语言交际中去，同时，还要学会在一定的文化语境中，即在目标语文化中，从事所要进行的交际活动，和学会语言要完成的交际功能，以及所要运用的语言知识。这样，教学的目标可以有两种：使学生学会有关语言的知识和使学生会讲这种语言。

二、教师帮助学生学会英语

"教师使学生学英语"，在这一教学过程中，学生学习英语，教师帮助他们达到目的。学生是行为者，是教学的中心。教师是使能者，可以运用各种各样的方式来帮助学生学习英语，例如，可使用各种各样的现代化技术和设备来帮助学生学习。

教师首先考虑的是学生，他们自己的作用就是指导和帮助学生。但现在我们没有考虑的是学生的任务是什么性质的，是什么样子的，只是想当然地认为学生该如何学习，也就是说，对教学目标没有很好地限定。从教学方法和程序上讲，教师把教学的主体变成学生，教师的作用只是帮助学生达到学习目的，应该说是一个很大的进步。但这个过程所提供的是一种方法，并没有提供教什么。我们可以让学生自己学，由被动变主动地考虑学什么和达到什么目标的问题，这个教学过程的目标是使学生学会英语。

以上所讲的都是物质层面的过程，也就是说，教学的过程被看作一种行为和动作，是做事情，是完成任务等。下面则是另外一种模式。

三、给学生传授语言知识

"教师把英语教授给学生"的教学过程在此被视为一个物质交流过程。在这个交流过程中，主要的参与者是给予者和礼物，即教师和他所教授的语言，而学生的存在是偶然的，他只是被给予的对象。在这种情况下，教师通常要教给学生他们自认为是"好"

的英语，如"标准英语""文学英语"等。在这种交流过程中，教师处于绝对控制地位，学生则完全处于被控制的地位。教学的重点是语言，实施者是教师，学生只是受益者，接近情境成分。教学的目标是教给学生自认为是"好的"或者是"美的"英语，使学生学会标准的、高雅的英语。

四、训练学生的英语技能

"教师用英语教导学生"，从人际交流的角度讲，这一教学过程的重点仍然是教师，学生是参与者之一，但只是一个被动角色。他们的参与受到外界因素的影响，受到教师行为的支配，没有学习的主动权。但在这一过程中，教师不再是简单地给予学生东西，而是把语言传授给学生，使学生提高了技能，达到教师的训练目标。从课堂内容的角度讲，在这一教学过程中，教师通常提供大量的课堂训练和练习，以及大量考试。教学目标是使学生掌握运用语言的技能。

从教学方式上讲，教师主要给学生大量训练，开展许多活动，学生是这些活动的参与者和训练对象。这种教学模式既相似于传统教学法中教师主导一切的模式，也相似于模式训练法的教学模式，学生只是被训练的对象，并没有主动权，所以难以发挥学生的主观能动性。这是一种结构主义和行为主义的教学模式。教师不是主要使学生学习语言知识，而是获得语言技能。但这种技能不是实际运用语言的能力，而是一些语言模式，而且这些模式大部分是一些根据结构主义理论提炼出的语言结构模式，而不是根据情境语境中的语境模式提炼出来的语言功能模式。

五、发展学生的意义潜势

"教师使学生成为讲英语的人"，在此，教学过程被看作一个关系过程。教师仍然是一个使学生能够做某件事情（讲英语）的人，但不再仅仅是使学生能够做某事情，而是使学生成为一个能讲目标语的人。语言被视为一个"潜势"，称为"意义潜势"。教学的目的是使学生掌握这一潜势，使学生学会用语言来表达意义。这显然包括使学生掌握有关语言的知识，也包括使学生掌握语言表达的能力，学会用所学的语言说话。

第四节 高校英语教学的方法和手段

一、大学英语教学方法

外语教学法是外语教学过程中的一个重要部分,是为完成教学任务、实现教师怎样教、学生怎样学以及师生相互作用所采用的方式、手段和途径。外语教学法是一定历史背景和社会环境的产物,是由不同教学阶段以及教学要求决定的。不同的外语教学法产生于改革外语教育的实践,其受制于外语教育的目的,不同的外语教学法并非相互对立,而是长期相互依存的。各类教学法在见解方面相互借鉴,理论内容互相融合。

一方面,英语教学法总是处于批判、继承、发展、创新的过程中。正是这种历史继承性使综合与融合的趋势有了发展的可能;另一方面,大学英语改革是与时俱进的,是时代发展的要求。因此,大学英语教学改革不是照搬外国的理论,而应该是以大学英语教学方法运用的现状与时代要求为立足点,选择一种既符合大学英语教育教学现状又符合时代需要的英语教学方法。由于受不同语言学基础和心理学基础的影响,早期传统教学法往往比较注重语言结构和语言规则的掌握,而相对后起的一些教学法如交际法,则比较注重语言意义和语言功能的掌握。我国大学英语教学中正在使用的、有代表性的几种方法可概括为:语法翻译教学法、情境教学法、交际教学法、任务型教学法、直接教学法。

语法翻译教学法始于18世纪,是随着现代语言作为外语进入学校课程而形成的第一个有影响的外语教学方法体系,也是我国早期大学英语教学主要采用的方法。语法翻译教学法强调学生母语在教学过程中的重要作用,同时强调母语和英语的共同使用,认为将母语与英语的异同挖掘出来有助于学生更加精确地理解英语。现代语法教学法主张以语法为语言的核心,是外语学习的主要内容,教师只需具备外语语法基础知识和母语与外语的互译能力就可在语法理论的指导下开展教学。

情境教学法也叫视听法,主要针对听说法脱离语境、孤立地练习句型、影响学生有效使用语言能力培养的问题。20世纪50年代在法国产生了情境教学法。情境教学法是教师根据课程所描绘的情景,创设出形象鲜明的投影图画片,辅之生动的文学语言,并借助音乐的艺术感染力,再现课文所描绘的情景表象,师生在此情此景之中进行一种情景交融的教学活动。在情境教学法中,语言被看作是与现实世界的目标和情景有关的有目的的活动。同时还会激发学生学习英语的积极性和热情,帮助学生更为准确和精准地完成对于英语知识点的记忆。通过获得有价值的感性材料,可以实现英语教学理论与实践的有机结合,为英语的语言知识学习提供良好的条件。

交际教学法也叫"功能法"或"意念—功能交际法",是由威尔金斯提出的。其历史可以追溯至20世纪60年代,威尔金斯指出交际能力不仅仅包含语言知识,还应包括语言运用的能力,尤其应该注意语言运用的得体性,它包括对交际时间、交际场合、交际话题、交际方式等诸多因素的灵活把握,其运用交际教学法使语言教学观发生了革命性的变化,在外语教学中发挥了巨大的作用。它提倡以语言功能项目为纲,强调在语言运用中学习语言,从而实现培养交际能力的教学目的。交际教学法在师生共建的课堂互动模式中给学生提供了更多使用语言的机会。因此,教师应该借助课堂或者多媒体教学,多为学生创造、提供交际情景和场合,在真正意义上实现"用语言去学"和"学会用语言",而不是单纯的"学语言",更不是"学习关于语言的知识"。

任务型教学法是在20世纪80年代交际法被广泛采纳的情况下产生的,它是交际法教学和第二语言研究两大领域结合的产物,其代表了真实语境下学习语言的现代语言教学理念。任务型教学法是通过教师引导学习者在课堂上完成任务来进行教学的方法,其主要强调"在做中学",是交际教学法的延伸和发展,教育的重心也从教科书和教师转为学生,教师引导学生在各种语言任务中学习。在课堂教学活动中,教师围绕特定的交际项目,创设出目标明确、可操作的任务,学生通过表达、交涉、解释、沟通、询问等多种活动形式完成任务,从而达到掌握语言的目的。任务完成的过程就是巩固旧知识,并且学习与运用新的语言知识的过程,从而达到学习语言和掌握语言的目的。任务型教学法综合了多种教学法的优点,和其他教学法互相补充、相互完善。通过完成多样化的任务活动,学生的学习兴趣被激发,语言技能和语言知识得到了发展,对培养学生的语言综合能力大有益处。这与传统的语言操练完全不同,任务型教学法充分体现了以学生为中心、以实现语言运用为目的的教学理念。

直接教学法是贝立兹主张的力求在外语教学中创造与儿童习得母语的自然环境相

仿的环境，并采用与儿童习得母语的自然方法相一致的方法。

二、大学英语的教学手段

现代化的多媒体教学手段集声音、图像、视频和文字等于一体，具有形象性、多样性、新颖性、趣味性、直观性、丰富性等特点。它可以根据教学目的、要求和教学内容，创设形象逼真的教学环境、声像同步的教学情景、动静结合的教学图像、生动活泼的教学气氛。它是现代科学技术发展在教学中的反映，具有直观性强、智能化的特点。多媒体的应用可以用来设计全新的整体教学过程和交互性、个性化的训练方式，促使教学过程发生根本变化，形成教师、学生、教材和教学方式的新组合，能为语言学习者提供一个良好的视觉、听觉交互式语言环境，能够达到其他教学手段无法比拟的教学效果。与传统的教学手段相比，多媒体辅助教学有着明显的优势。多媒体是集图、画、视频、音频与文本于一体的教学手段，它从视觉、听觉与感觉等方面同时刺激神经系统，使学生动脑、动眼、动嘴、动耳、动手，开展积极的思维活动，从而提高语言交际能力。

教师在多媒体教室使用现有的多媒体软件，通过动态过程的演示和模拟情境，将知识以图文的形式展示出来，形象逼真、色彩鲜艳的画面及生动有趣的形式充分刺激学生的多重感官，使单调的书本知识形象化、具体化，极大地激发学生学习的兴趣，为学生参与听、说训练创造良好的气氛和环境。同时，学生可以借助计算机，根据各自的喜好选择不同的学习内容，既可听单词、课文朗读，也可以通过虚拟课堂讨论、角色扮演、游戏等来培养英语思维能力，有效地提高英语的实践能力。

现代化教学手段能够增大课堂信息容量，提高授课效率。课堂教学中引入多媒体课件可以增加课堂信息量，能够大幅度降低教师的劳动强度，提高课堂效率。传统课堂教学需要教师写板书、学生记笔记，教师与学生劳动强度都较大。计算机多媒体技术的发展为教学提供了强大的技术支持，教师可以运用计算机事先准备好授课内容，制作大量的文本、图形、图像、视频、音频资料的课件，这样就能充分利用课堂时间。多媒体课件包含的信息量大，以其信息和数据表达的多样性，调动学生多种感觉器官参与学习，更增强了学习的趣味性，从而提高授课效率，相比于传统教学而言，在同样的时间里可以呈现更多的信息，因为多媒体教学节约了教师写板书的时间，降低了教师的劳动强度，使教师在单位时间内向学生传递更丰富的知识，而且可以有效地压缩课内教学学时，给学生以更多的讨论、小组活动、师生互动的时间。

多媒体教学作为重要的现代化教学手段在大学英语教学中非常受重视，并得到为广泛的应用，但是过分夸大计算机辅助教学的功能，以计算机来完全代替传统教学的教学手段是不可取的，因为多媒体辅助教学手段仅是教学环境的一个重要方面，不可取代教学过程中的所有环节。在教学中要根据教学目标、教学内容以及教学对象的特点，有针对性地设计和选择教学手段，将多媒体教学手段与传统的教学手段有机结合，实现优势互补，才能提高大学英语的教学效果和质量，提高大学生的英语综合运用能力，为我国的社会发展和经济建设输送高素质的外语人才。

第二章 高校英语的教学模式

第一节 英语教学法

外语教学方法是在外语教学实践中,经过人们长期的反复探索,不断总结而形成的一系列行之有效的教学方法。一种良好的教学方法,可以为外语教学和研究的进步及发展打下坚实基础。英语教学中,我们采用了几种有效教学方法并在教学中实践应用,总结出英语课堂教学实践中应根据学生实际情况采取多种教学手段传授知识,注重能力的培养,提高外语教学水平。我们在近几年的英语教学实践中,一点点地从传统的单一讲解教法中解脱出来,在英语课堂教学中充分使用质疑教学法、任务教学法、启发式教学法及联想教学法等多元化手段传授英语知识,且收到较好的效果。

一、质疑教学法

以"学生为中心"的课堂交互活动教学模式常见的为师生间的"IRF"形式,即激发(initiation)、应答(response)、反馈(feedback)。教师常以提问的形式发起交流活动,而后学生作答,再由教师提供反馈(包括评估、纠错和建议等),三部分依次往复,循环进行。此方法要求教师提出问题,由学生进行思维答辩,在答辩中得出正确结论。课堂教学围绕答疑解惑的过程有序进行,质疑法可针对某语言或语法现象,在课堂教学或练习讲评时使用,也可针对文章的主题、段落的理解及作者的意图等。课堂提问是一项重要的教学手段,是课堂上师生之间交流的一种方式,更是种艺术。质疑教学法是一种有效的教学途径。但教师的质疑提问要有启发性,提问的形式要具有创造性,要有新奇感、幽默感。所提问题能激发学生思考,促进学生的思维发展,引导学生积极探索,使学生不仅说出其然,还能说出其所以然来,并提出自己的见解。

二、任务教学法（Task Based Approach，TBA）

英国阿斯顿大学简·威利斯（Jane Willis）在其论著中提出：任务教学法的教学目标定位在学习过程和完成任务的操作过程上，注重学生的思维量和活动量；重视不同发展水平、不同能力学生的个体特征；关注学习过程中的各种学习体验。TBA 体现了以学生为中心的原则，能够激发学生的学习兴趣，其优势有以下两点。

（一）TBA 有利于提高学生的英语交际应用能力

TBA 反映出外语教学从重视语言知识向重视语言交际能力的方向转变，体现了外语教学从重视教师的作用转为重视学生的作用，从以教师为中心转为以学生为中心。以交际理论为基础的 TBA 宗旨是引导学生解决问题，然后在解决问题的同时学习语言和掌握运用语言的规则，它重视学生运用语言的能力，在教学过程中主要强调学生交际技能的掌握，如完成角色扮演、小组讨论、两人对话、分组辩论、回答提问、模拟采访、民意测验和陈述报告等交际任务，同时还要求学生模仿课文的内容与各种文体的短文，如记叙文、议论文及应用文等。

（二）TBA 有利于培养学生听、说、读、写的综合技能

现代外语教学理论主张把听、说、读、写看成是一个整体，既有联系又互相作用，但却不是独立的。在 TBA 教学法指导下的教学活动中，每项活动都有若干任务，这些任务包括一种或多种技能训练，只是侧重点有所不同。如以阅读为主的活动任务主要是读、写、说；而以听、说为主的活动主要是听和说。因而 TBA 教学法综合训练了学生的四种技能，其比较符合语言习得的自然规律。

因此，TBA 的主要优势在于外语教学运用，真正目的意义上的真实交际，其目标是集听、说、读、写四项技能于一体。在 TBA 模式中，可用的任务为其提供了一个很大的弹性空间，从而激发学生学习活动。

三、启发式教学法

启发式教学的关键在于"启"和"发"二字，即启迪思维，激发内因。启发式教学模式是改变以前"以教师为中心"的教学方式，给学生充分的时间和空间，建立一

种能培养学生独立开展创造性以及语言交际环境的课堂教学形式。启发式教学，在教育目标上，强调传授知识的同时重视运用能力的培养以及非智力因素的发展；在教与学的关系上，采取"以学生为中心"的原则；在教学方法上，着重充分调动学生学习的主观能动性，强调培养学生的英语综合应用能力。启发式教学是根据学生应有水平、兴趣等实际情况，科学而生动地阐明事理，启发、引导学生乐于学习，勇于、善于探索的教学法。

启发式教学法注重的是要掌握处理各项问题的方法。能给学生留下最持久印象的教师应当是能够唤起学生新的理智兴趣的教师，把自己对知识的热情传递给学生，使学生有探究的渴望，找到自身的学习动力。启发式教学法是教师在教学过程中依据学生获得和掌握知识和技能所需要的思维过程的客观规律，引导学生主动、积极地掌握知识的教学方法。

四、联想教学法

外语学习离不开记忆，心理学研究表明记忆的关键在于重复，但重复时应注意方式的变化，避免在同种情况下长期机械地重复。心理学研究还表明，在大脑之中，联成网络状的知识记得最牢固，最清楚。联想是有机重复及网络形成的最佳契合点。抓住机会及思想灵感，有目的地就相关知识展开联想，既可以做到有机重复，又可以起到触类旁通的作用，把分散的知识联成网络，符合人的认知规律。

联想，就其采用的形式而言，主要有临近联想、类比联想、对照联想、因果联想等。从语言教学的角度来看，就是当某语言材料与另一语言材料有相同或相似之处时，由一材料引起对另一材料的联想。能唤起联想的语言材料比比皆是，联想的方法也多种多样。

运用联想教学法最重要的是教师要对大纲、教材了如指掌，需要在教学中贯彻。要教会学生联想，教师首先应该在备课时联想，抓住灵感闪现的火花，及时从后往前，在教材之中查找可以联想在一起的内容。只有教师在自己的大脑中先构建起网络，才能在教学中引导学生通过重复，组成网络。如通过一个词联想起它的内容时，教师应该能够准确地说出所联想的内容在前面第几课出现过，并要求学生马上重温，借助于温故而知新的方式来体现科学的学习方法。

作为外语教师，教学方法得当与否关系着学生能否学好外语。实践证明，多元化教学的一个基本原则是以学生为中心，适当的教学方法，有效的教学手段，个性的学习策略是外语教学和学习成功的基础。在英语教学中，无论单一采用何种方法，都不会取得满意的效果。我们在不同的教学阶段根据不同的教学对象，采用多种英语教学方法，不仅能把分散的、零星的语言材料系统化、条理化，巩固并增强记忆，完善并发展智力，而且能拓宽知识的广度，挖掘知识的深度，提高综合运用语言知识的能力，从而有效地搞好教学。

第二节 以学生为中心的教学模式

有效英语教学模式以传授与某专业有关的英语语言知识和技能为目的，在教学上注重为学生提供更多的以英语为媒介的课堂活动，能够有效锻炼学生的交际能力。强调运用"以学生为中心"的真实任务和活动来实施课堂教学，要求不仅体现在阅读技能的训练上，还体现在听、说等其他几种技能的训练上。教学中强调培养学生的交际、团体合作能力和思维、口语能力。针对岗位要求，使学生学会学习，为学生思维能力、表达能力、应变能力、创新能力和科研能力的培养提供了良好的机会。高校英语教学应强调理论知识的实用性。课堂教学"以学生为中心"，积极为学生创设有效的学习环境和氛围，调动学生学习的自主性、创新性以及积极性，加强对学生指导与帮助。在高校英语课堂教学中，应注意以下几点。

一、以学生为中心，充分运用情境式教学

课堂教学是教学的基本形式，其效果的好坏直接影响学生对语言的习得。基于学生需求的教学目标决定了英语教学必须"以学生为中心"。教师要设计丰富多彩的课堂教学活动，根据不同的课程需求及不同学习者的语言水平，采用灵活多样的课堂学习任务，提高学生的自主学习能力和参与能力，从而使教师成为学生的合作者。教师可以根据教学内容，创设出特定的场景，让学生通过看、听、说和角色扮演，再现课文所描绘的情景表象，使学生身临其境，充分发挥自己的想象力，强化训练，提高运

用语言知识和获得语感的能力。这种方法使课堂成为双向交流与互动的实践场所，可以极大地提高学生的学习兴趣。案例分析、项目研究、角色扮演、模拟和小组讨论等方法对提高英语教学都非常有效。

二、利用多媒体技术创设岗位语言环境

高校英语课堂需传授的知识面广、内容多，而课时数又有限，教师很难在有限的理论课教学时间内既将重点难点讲透，又拓展学生的知识面，因此，必须借助先进的多媒体技术来设计高效的高校英语教学过程。现代计算机技术的发展为此提供了先进的教学设备和素材。多媒体教学信息量大，可以通过图片、文字的演示，超级链接各种相关资料，使学生在课堂教学的有限时间内接受大量的信息，拓宽学生的知识面。对于一些复杂的内容，教师可以将收集的有关插图、图表、案例等插入其中，使问题变得直观简单。

多媒体技术还有利于学生学习兴趣的培养和听说读写综合能力的提高。语言交际能力的培养要求首先有大量真实语言材料的输入，再通过反复操练和实际运用，逐渐转化成学习者内在的语言能力。英语教学中听说读写技能的培养离不开大量的语言输入和一定强度的技能训练。教师可以设计教学模拟软件，创设学生目标岗位的实际环境，在多媒体上虚拟出实际工作环境中的操作情景，使学生直观地认识岗位环境中英语的运用，把理论教学和实践教学有机地融合在一起，让学生在电脑上直接实现人机交互，完成一次能力的真实体验。利用先进的多媒体技术，让学生模拟实习各种商务活动，熟练掌握导游解说技巧和进行各项专业语言训练，从而达到良好的教学效果。教师还可以利用多媒体教学，给学生播放国外旅游的导游过程，让学生尝试翻译一些简单的句子，通过听说练习，大大提高学生的学习热情。多媒体教学使学生在轻松活跃的课堂氛围中感受和掌握目标岗位所需的语言应用能力。

在课外拓展练习时，还可以在语音实验室里利用全数字语言学习系统让学生自主进行听力练习和句型操练、真实语境模拟、语言游戏、问题解答等，使课堂教学变得生动，学生更乐于参与课堂交流活动。此外，网络也是一个重要的途径，它不仅可以提供最新的高校教学信息资源，还可以建立英语聊天室，利用学生感兴趣的网络虚拟环境进行英语交流，提高学生的专业知识水平和英语运用能力。高校还可以用网络连

通学生、教师和企业,建立教学与就业的直接联系,实现外语教学的全方位立体化,同时为学生获取资料、学习实践、顺利就业开拓更广阔的天地。

三、结合专业英语提高课堂教学效率

高校英语教学与专业英语教学应是彼此融合、相互渗透的,教师在课堂教学过程中要有意识地将基础英语教学与专业英语教学相结合。根据专业特点和就业需要,指导学生优化学习方法,掌握英语应用的能力,引导学生在实践中去发现问题、分析问题、解决问题,使学生从被动地接受单纯的理论知识转变为主动运用理论知识和学习方法来提高英语的应用能力。如在一些句型操练时,可以引用专业名词,在选择课外阅读材料时,可以采用一些内容稍浅的、实用的、有代表性的专业文献,让学生自己上网查找一些专业术语。在一些教学图片、道具、场景的选择上要尽量向专业靠拢,培养学生在专业岗位场合使用英语的能力。在教学句子长、结构复杂的专业英语时,可按基础英语的分析模式来分析、简化句子结构。比如教学旅游英语时,为了提高学生的学习兴趣,可以采用基础英语教学的听说训练方法,先从简单地介绍学院的建筑风景练起,在一些句型结构的帮助下,让学生用英语简单地描述,再逐步加大句型难度和词汇深度。同样地,教师还可以要求学生注意观察生活,收集身边出现的一些产品说明书或英文介绍,然后由教师在课堂上进行讲解,并让学生进行场景模拟。例如,在学习和导游相关的英文后让学生在校内现场导游,学生能迅速进入角色,把具体的景物和英语词汇句型联系起来记忆,印象会更加深刻,从而提高教学效率。

第三节 任务型教学模式下学生自主学习能力的培养

一、任务型教学模式的含义及特点

(一)任务型教学模式的含义

任务型教学是根据当前交际法发展而来的。它是20世纪80年代外语教学研究者经过大量研究和实践提出的一个具有重要影响的语言教学模式,该模式是20年来交际

教学思想的一种发展模式，它把语言运用的基本理念转化为具有实践意义的课堂教学方式。学生在教师的指导下，通过感知、体验实践、参与和合作等方式实现任务的目标，从而感受成功。

任务型教学模式中的"任务"可分为两类：一类是"教学任务"，即学生在课堂上的学习活动；另一类是"真实任务"，即在日常生活中从事的各种各样的事情。"任务"中的问题不是语言问题，但需要用语言来解决，学习者使用语言并不是为语言本身，而是利用语言的"潜势"达到独立交际的目的。

（二）任务型教学模式的特点

任务型教学模式是交际法的一种新形态，是交际法的发展，而不是交际法的替代物；任务型教学强调教学过程，企图让学生通过完成真实生活任务而参与学习过程，从而让学生形成运用英语的能力；任务型教学尽管强调学生运用英语进行交际的能力，但从更广泛的层面强调培养学生的综合运用能力；任务型教学强调以真实生活任务为教学中心活动，修正了以功能为基础的教学活动中存在的真实性不足的问题；任务型教学要求教学活动有利于学习者学习语言知识、发展语言技能，以提高实际语言运用能力。

二、任务型教学模式的可实施性

（一）教学内容的设定

在英语教学中首先要设定任务的目标，即通过让学习者完成某一项任务而希望达到的目标。首先，它可以是培养学习者说英语的自信心，解决某项交际问题，也可以是训练写作技巧等。其次，输入材料必须具有真实性，应以现实生活中的真实交际为目标，使学习者在一种自然、真实或模拟真实的情景中体会语言，使学习语言不再局限于教材。最后，要根据教学材料安排相应的多种教学活动。任务的设计要由简到繁，由易到难，前后相连，层层深入。形式是由初级到高级任务，再由高级任务涵盖初级任务的循环，并由数个微任务构成一串"任务链"，使教学呈阶梯式，层层推进。

任务型教学模式可根据不同层次学习者的英语水平创造出不同的任务活动，在充分体现以学生为主体的教学理念的前提下，让学生通过与学习伙伴合作协商去完成任务。整个学习过程充满了反思、感悟和自省的活动型的学习方式，从而可最大限度地调动学习者学习的积极性和主动性，提高他们发现问题和解决问题的能力，发展他们的认知策略，培养他们与人共处的合作精神和参与意识，并在完成任务的过程中体验成功的喜悦，获得成就感，实现自我价值。

（二）任务设计的原则

首先，任务的设计要具有真实性和功能性。在任务设定中所使用的教学输入材料应来源于真实生活。但"真实"是一个相对的概念，它可以是来源于课堂教学的教材，但需要教师创造出一个新的语言环境，并根据学生在该任务中所学到的知识点提出一个需要解决的（交际）问题，选择真实性事件或情景作为驱动学生学习的动力性任务，它可使学生在完成任务的过程中运用刚学过的语言知识解决某情境下的交际问题，也可使学生运用已有的语言知识策略及技能来探索运用英语的规律。学习者在学习英语的过程中普遍存在语言脱离语境、脱离功能的现象，即学习者可能掌握了语言不同的拼写形式和相应的含义，但不能以适当的形式得体地表达其意义和功能。而任务设计的原则是在真实性原则的基础上，将语言形式和功能的关系明确化，让学习者在完成任务的过程中充分体会语言形式和功能的关系，以及语言与语境的关系，从而加深学习者对语言得体性的理解。

其次，任务的设定要具有连贯性。课堂上的任务应呈现"任务链"或"任务系列"的形式，每一任务都以前面的任务为基础或出发点，后面的任务则依附于前面的任务，换言之，一堂课的若干任务或一个任务的若干子任务应是相互关联的，具有统一的教学目的或目标指向，同时在内容上相互衔接。因此，这样的任务系列就构成一列教学阶梯，使学习者能一步一步达到预期的教学目的。

最后，教学任务的设定要具有实用性、可操作性和趣味性。英语课程不仅应打好语言基础，更要注重培养实际使用语言的能力，特别是使用英语处理日常和涉外业务活动的能力。因此，在任务设计中要避免为任务而设计任务，任务设计者要根据学习者的专业特点和他们将来就业方向的特点来设计教学任务，并尽可能为学习者的个体活动创造条件，利用有限的时间和空间最大限度地为他们提供互动和交流的机会，从而达到预期的教学目的。

第四节　整体化教学模式

　　大学英语课堂教学中，如何实施整体化教学方法值得探究。在实际英语课堂教学中，应注重贯彻整体教学法中的导读、阅读、叙述和讲评四个主要环节，通过课堂实践使英语课堂教学整体化是区别于传统英语教学法的一条行之有效的途径。

　　格式塔心理学者认为："学习应该培养创造性思维，为了达到这一目标，我们要把学习情境作为一个整体呈现给学生，使学生对课文内容形成一个整体概念，而这种整体概念不是通过对个别语句的分析和分段教学能获得的，而是取决于整体的感知。"在英语教学中往往是听中有写，写中有读，读中有思，说中有用。所谓整体教学，就是每堂课都要着眼于培养学生听、说、读、写、译的能力，以促进五者之间的"血液流通"，锻炼学生的思维，发展学生的智力。

　　真正的课堂应该是积极思维的王国，整体教学的目的是探究思维过程的训练。要科学地运用英语课堂整体教学的原则，就必须抓好以下四个环节：导读、阅读、叙述和讲评。

一、导读

　　导读好比那种介绍背景、人物故事情节以及高潮的电影预告节目，能使学生对阅读的内容有预先的了解，从而提高理解能力。英语教学中必须注重它的文学性。在导读中对教材中文学作品的作者、背景及人物传记等应该用英语先向学生做个概括的介绍，教师还要不失时机地介绍他们的生平和所选课文的背景知识，这样做，既扩充了学生的知识，又为学生提供了练习听力的有益材料。在这个基础上让学生听录音，以激发学生的阅读欲望，提高他们的能力。知识是能力的基础，一个人的知识越丰富，那么他的思维就越活跃，创造能力就越强，阅读能力也会得到相应的提高。

二、阅读

　　乌申斯基说："不是教，而是帮助学。"就是说教师的责任在于组织学生的认识活动,提高学生的自学能力。我们在教学中不仅要给学生以面包,更要给学生以猎枪。对于语言来说,形为意先,意为形用。我们在教每篇课文时都应该经历一个先泛后精的过程,先制定阅读目标,利用一课时让学生通读全文,再指导他们哪些要阅读,怎样猜测词义,怎样找出主题句、过渡句等。迅速正确地理解段落是培养学生阅读能力的进一步要求,在教学中引导学生用英语说出段落大意,这是培养学生分析和概括能力的有效途径。

在整体教学实践中我们采用了四步教学方法,即指导好课前课文预习;反复阅读整篇课文,逐步加深对课文内容的理解;学习课文的语言结构;运用课文的语言结构。这四个步骤是一个整体,相辅相成,抓住整体求侧面。

三、叙述

爱因斯坦说:"个人的智力发展和他形成概念的方法很大程度上取决于语言。"因为语言是思想直接进行现实思维的结果,其在思维过程中获得,在运用语言的过程中学生的思维才能得到激励,语言能力才能得到发展。那么,怎样培养学生的叙述能力呢?

(一)模仿叙述

任何创造均始于模仿,模仿叙述是创造叙述的准备。通过叙述有助于学生理解课文、丰富词汇和提高口头表达能力。经常采用的方法有:

摘要叙述:启发学生寻找课文中的主题句、关键词,抓住材料的主要内容,编写读书提纲。

详细叙述:改变课文顺序,适当添加词汇,模仿课文作详细叙述,在此基础上对课文作理解性背诵。

简略叙述:控制叙述节数,浓缩课文内容,减少所学词汇,对课文作概括性叙述。

(二)创造叙述

创造叙述是叙述的高级阶段。引导学生在叙述中联想,在叙述中创造,启发学生突出作品的关键,发展故事情节。采用的方法有拟人化法、改换体裁法、分配角色法、变换人称法、综合法等。

四、讲评

著名教育家苏霍姆林斯基认为，手是思维的镜子，是智慧的创造者。英语学习是实践—认识—再实践的过程。所以，课外作业布置和批改是教学中的一个重要环节。在批改和讲评的过程中，必须遵循教师的主导作用和学生的积极性相结合的原则。

美国心理学家布鲁纳告诉我们："发现法就是学习法，就是说不仅要学会寻求事物，而且要动脑筋寻求获得知识的方法。"我们启发学生在作业的过程中发现问题，提出问题，鼓励他们开动脑筋，自己解决问题。教师抓住提示、疏导、设疑、解疑这四个环节，指导学生自己改错，自获结论，从而逐步减少教师对学生学习的控制。

学生的作业全由教师收来"精批细改"并无多大益处，而是应该采取师生结合批改的方法。我们可采取学生自改、学生互改、教师评改、共同讨论这四个步骤，从而对错误进行分析，经过错误识别、错误释义和错误解释三个过程，创造活跃的智力背景，开阔学生的思路，巩固所学知识。

教师在批改作业的过程中应该养成这样一个习惯：罗列学生的错误，归纳错误类型。然后展示给学生，引导学生自己纠错。归纳起来有：

选择改错：给学生一组似是而非的答案，让学生加以分析，而后选择正确答案。

综合改错：罗列学生知识上的错误，再边评述边做小系统的概括和复习。

比较改错：列举几个正确答案，启发学生找出更为合理、更为科学的答案。

改错法是贯彻发现法的一个很好的途径。学生在改错中比较，在比较中鉴别，在鉴别中掌握知识。发现问题是解决问题的前提。教师在评述作业的过程中让学生自悟，促进知识的内化，这就是教师的主导作用。

导读、阅读、叙述和讲评是贯彻整体教学法的四个重要环节。把课文作为一个整体来教，这是符合学校情况的教学方式，我们通过符合学情的教学方式进行系统的控制，可以取得最高的教学效率。

第五节　ESP 框架下的大学英语教学模式

在全球化的背景下，英语作为国际主要通用语言，需要满足各类人员的需要。在此条件下，ESP（即专门用途英语）应运而生，它是一种基于特定行业、特定内容的英语类型。ESP 具有更强的专业性，实用价值也比较高，这与我国高校人才培养的目标具有一致性，因此在 ESP 框架结构下，对高校大学英语教学提出了更高的要求。高校传统的大学英语教学模式已经很难满足高素质人才培养的需要，教学模式的改革成为必然的趋势，并且改革需要以新的思路为指导，以新的模式为创新，将 ESP 全面融入英语教学中来，确立专业性英语人才的培养目标。

一、ESP 的内涵

ESP 是"English for Specific Purposes"的缩写，即"专门用途英语"或"特殊用途英语"，如旅游英语、外贸英语、财经英语、商务英语、工程英语等。ESP 教学理论是由英美等国的应用语言学者在 20 世纪 60 年代提出的。当时，世界各国已逐步从"二战"的创伤中恢复过来，全球经济迅猛发展，科学技术日新月异，国际贸易、金融保险、邮电通信、国际旅游、科技交流等全球范围内的交往日益频繁，而英语作为国际语言的地位也日益加强，最终成为世界性的语言。但因为学习者具有不同的学习目的，这要求采用不同的教学内容和不同的教学方法，改革传统的概念，确立新的概念，即把英语当作交际工具来教，培养学生在不同的实际环境中运用英语的能力。而随着语言学领域的革命及教育心理学的发展，人们开始强调学习者个人的需求和兴趣，认为学习态度和学习动机对于学习效果有着重要的影响，因而教学的重心应由传统的"教师中心"转向"学生中心"，并最终转向"学习中心"，这些领域的研究成果都为 ESP 的形成奠定了理论基础。为了满足各类人员学习英语的需要，ESP 应运而生了，而学英语热的持续升温又造成了 ESP 的迅速发展。

二、专门用途英语的特点

通过对专门用途英语概念的阐述以及分类，我们可以总结出专门用途英语的几个特点：

首先，专门用途英语是种教学途径，不是特殊的语言种类，也不是一种产品。它与教学方法、教学技术有本质上的区别，专门用途英语通常是指语言本质和如何进行语言学习的研究。同时，根据特定学习者群体的需求来制定教学教材、教学内容、教学方法和教学技术等。专门用途英语的语言无论在形式上还是在种类上，教学方法并没有与其他形式截然不同，各个领域之间的语言差异不能否定语言的根本共性。

其次，专门用途英语教学是英语语言教学的一个分支，并不是有别于常规语言教学的特殊存在。专门用途英语通常与特定学科领域或者职业有紧密的关系，是根据学习者的学科需求或者职业需求所设置的英语课程，其实用性和针对性较强。

再次，专门用途英语教学在原则和教学方式上与一般用途英语教学基本统一，并没有独特的教学方法。而专门用途英语与普通英语教学的不同之处就是根据学习者学习需求的不同，进行教学方法和教学内容的转换。由此可见，对学习者的需求进行分析是专门用途英语教学活动开展的重要部分。

此外，专门用途英语是一个特定的语言范围。部分学者经过统计得出专门用途英语与常规英语的词汇超过半数是重复的，而且很多科技词汇都是由常规词汇通过构词法派生出来的，专门用途英语与常规英语的语法结构基本保持一致。因此，专门用途英语与常规英语是紧密相连的，专门用途英语并不是独立于英语语言之外的专门语言，它只是一个特定的语言范围。

最后，专门用途英语是一种多元化的教学理念。由于学习者需求的不同，专门用途英语的教学内容、教学方法也呈现出多样性。由于专门用途英语与特定的学科领域、职业领域具有很大的相关性，因此要求专门用途英语的语言知识涉及大量的专业知识，学习者的需求也表现出不同的特点。在不同国家和不同地区，专门用途英语教学的政策支持、教学重点存在很大差别，这也会导致专门用途英语教学内容、教学方法呈现出多元化的趋势。

三、ESP 在我国高校英语教学中的定位研究

在我国高校英语教学改革的大背景下，外语界大批的研究者均对我国高校英语教学的方向提出了自己的观点。秦秀白研究认为高校英语教学应该定位在"专用英语"（ESP）上，并提出了较具体的想法：大学阶段的前两年，学生应该学习"学术英语"（EAP），其听、说、读、写诸方面的技能训练都应围绕开展学术活动进行。到了高年级阶段，学生应该结合自己的专业学习更高层次的"学术英语"，其相当于国外倡导的"专用学术英语"。蔡基刚提出我国大学英语教学的发展方向应该是 ESP，而不是外语通识教育。他明确提出外语人文类课程不能也不应成为基础英语后的唯一选修课程，更不能成为大学英语的发展方向，未来大学英语教学的定位应该是 ESP 教学或学术英语。

关于 ESP 在我国英语教学中的定位，这些研究者基本都认同 ESP 是我国大学英语教学的发展方向。但大部分研究者对 ESP 在我国大学英语中的应用深度还持保守态度，大多认同大学英语要分阶段教学，先是通用英语，然后再进行专门用途英语的教学。我国普通高校的大学英语教学不应该再有阶段之划分，因为现在大部分学校的公共英语课程只有三个学期。在有限的课时内，还要将一门课程进行划分，便无法让教学软资源和硬资源得到集中有效的利用，必然使课程效果大打折扣，正如学者蔡基刚对于大学英语教学的观点："大多数大学都可以用学术英语替代目前的综合英语。我们不是要取消大学英语，我们要的是另一种大学英语。"这里的另一种大学英语在本研究中，我们称之为大学 ESP 课程。

四、国内大学 ESP 课程历史沿革

我国 ESP 课程的历史可以追溯到中华人民共和国成立之初，当时我国迫切需要新的科技的支持，因此需要一大批能够看懂国外科技文献的专业人才。在这样的时代背景下，1962 年出台了第一份大学英语教学大纲。大学英语教学的主要任务是通用英语，因为专业英语在大部分高校都不属于大学英语教学组的课程任务，而被归为各专业学科组。近年来，随着我国外语教学领域与国际接轨的深入，国外语言学的各种流派和各种语言教育的理论、方法不断进入我国英语教学研究者的范围。在应用语言学理论

的影响下，ESP这一语言教学方法在我国大学英语教学改革的过程中越来越受到关注，我国各大高校也开设越来越多的不同类别的ESP课程。

结合我国部分高校开设英语课程的现状，可以看出尽管许多大学的英语教学部系针对非英语专业本科生开设了一些专门用途英语课程，但是大都是学术英语。许多大学各专业部系也开设了专门用途英语类课程，其主要是专业英语课和双语课程。专业英语课程的开设主要集中在自然科学类学科，经济管理类和法律等专业性较强的学科也有开设专业英语课程，这些专业英语课程的教师大部分都由学科专业教师担任，但名称各异。总体上，各大高校开设的专业英语课程均以专业选修课的形式出现，以考查的方式进行测评。而高校开设的专业英语课程并非每个专业都有，有时甚至在同个系中某一个专业有专业英语课程，而另一个专业就没有。

五、大学英语教学运用专门用途英语理论的可行性

（一）专门用途英语的教学原则符合大学英语教学要求

专门用途英语主要有以学生为中心、真实性、需求分析基本教学原则，专门用途英语的这三大教学原则也符合大学英语教学的要求。

1."以学生为中心"的原则

ESP具有鲜明的目标性，其学习者多为成年人，且学习时间有限，教学大纲和教材都是建立在学生将来的工作需求的基础上的，这些都决定了它的教学过程必须"以学生为中心"。ESP教学以培养学生的交际能力为目标。教学目标的确定、内容的选择和教学方法的采用，首先要考虑学生学英语的目的和原因，要由他们用英语进行交际的需要和学习需要来决定。Hutchinson Waters认为虽然强调语言运用可以帮助我们确立教学目的，但在ESP教学中，我们关注的并不是语言的运用，而是语言学习。真正有效和可行的ESP教学途径必须建立在充分了解语言学习过程的基础上。这里的"语言学习"指的是能使学生理解和说出规范语言的学习策略和教学方法。强调"语言学习"，实际上就是强调开展以学生为中心的各种教学活动。

2."真实性"原则

真实的学习任务是体现ESP教学真实性原则的重要组成部分，所以真实性是ESP教学的灵魂。教材内容主要来自专业相关的真实语料，练习设计和课内外教学活动都

应体现专用英语的社会文化情景。"真实的语篇"加上"真实的学习任务"才能体现ESP教学的特色。真实的材料包括科技杂志的文章,实验报告和产品使用说明等不同体裁的语料。真实性体现在阅读技能的训练、听说写等语言技能的训练以及学习策略和交际策略的培养上。大学英语教学也要求尽量使用和专业相关的真实材料,可使学生的学习更有针对性和目的性,以便学生毕业后尽快适应岗位工作,进而使大学教学更加具有实用性。高校学生对目标岗位的真实任务和真实材料都格外有兴趣,关注度也极大地提高。

3. "需求分析"原则

需求分析是制定 ESP 教学大纲、编写 ESP 教材的基础。在 ESP 教学领域,需求分析包含两方面的内容:一是分析学习者的目标需求,即分析学习者将来必然遇到的交际情景,包括社会文化环境、工作环境以及特定环境可能给学习者在未来工作中带来的特定心理状态等;二是分析学习者的学习需求,包括学习者缺乏哪些方面的技能和知识,哪些技能和知识应该先学,哪些应该后学,哪些是学习者喜欢的学习方法,等等。John Swales 认为,学习需求分析还应包括对教学环境的考察,因为校园或课堂文化氛围、教师队伍状况、教学后勤工作等方面的因素也会直接影响教学质量。高校学生英语水平差距较大,应用能力更是参差不齐,所以大学英语教学强调以"实用为主,够用为度",从学生的实际需要出发进行教学。根据不同学生的基础,设计、调整好教学层次,突出职业岗位的重点能力,有所侧重,并使学生的听、说、读、写、译各项语言技能协调发展。大学英语教学课时安排非常有限,应结合学生的专业需求,教给学生最迫切需要的必不可少的语言知识和技能,以最大限度地提高学生在校的学习效率。ESP 以需求分析作为教学的出发点和中心,分析和满足不同学习者的不同需要。通过"用中学,学中用,学用结合",为高校学生高效地获取职业或专业所要求的语言交流形式提供一种可行的方法以及适合高校学生的客观实际需求。

从以上内容可以看出,ESP 教学体现了语言教学和学习是为行业发展、岗位技能提供服务的,这些都大大激发了学生的学习热情。ESP 的教学原则与大学英语教学所提倡的尊重学生的学习个性和特点,一切以学生的真实需求为本的理念不谋而合,运用专门用途英语理论指导大学英语教学是可行的。

（二）专门用途英语的教学理念与未来大学英语培养目标一致

ESP强调从专业的需求出发，探求一种英语与专业相结合的方式。它以实用为导向，与职业紧密结合，更加注重学生语用能力的培养，这与现阶段我国大学英语教学强调的培养与职业能力相匹配的英语使用能力这一目标一致。ESP注重培养学生的交际能力，提高学生在目标岗位范围内使用英语活动的能力，培养能够在特定专业领域或行业领域内运用专业语言交际的专门人才。现阶段我国大学英语的培养目标也是要培养学生在特定职业范围内运用这门语言的能力。ESP目标的设置把目标情景分析或需求分析作为教学的出发点和中心，锻炼出与职业或学术领域相适应的英语应用能力，然后整合词汇、语法、教法等教学因素，形成一个针对性特别强、以实用能力训练为中心的教学路径。现阶段大学英语教学以岗位所需英语为基本目标，培养学生在其将来的工作岗位上能够借助英语完成工作任务。由此可见，ESP为我们提供了实现大学英语教学目标的可借鉴的观念和工具。

（三）高校学生具备接受专门用途英语教育的基础

ESP学习者均为成年人，包括从事各种专业的高级人才，在岗或者正在接受培训的各类人员、在校大学生、中专生或职业中学的在校学生等。他们把英语作为一种手段或工具来学习，以便进一步进行专业学习，或者是把英语作为手段或工具来学习，以便高效地完成各项工作。高校学生通过高中阶段的学习已具备一定的英语语言基础，也掌握了一定的语言核心部分，即不论学习对象将来从事何种工作，都必须掌握的语言知识。学生掌握的词汇量、语法知识、文化背景知识和交际技能已经能够帮助其完成一般的交际任务，学生已经具备接受ESP训练的能力。在此基础上开展ESP教学，传授略高于其现有的知识，使他们在某一专业或职业上实现英语知识和技能的专门化，让学生转入学习营销英语、金融英语、机电英语、物流英语等这些他们毕业后最可能从事的专业英语，有利于激发学生的学习兴趣。ESP教学是通用英语教学的扩展和延续，是从基础英语能力的培养向英语应用技能培养的过渡。高校学生通过对专业英语的学习掌握一定的专业词汇和对话，能阅读专业相关产品使用说明、操作指南，熟悉行业英语实用写作规范，等等，实际上是对其专业能力的加强和补充，对学生终身学习和可持续发展进行的铺垫。

(四)高校教师具备专门用途英语教师的潜质

从当前的通用英语教学过渡到标准的 ESP 教学还需要一个过程。专门用途英语教学需要培养的 ESP 教师队伍既要有较高的英语水平,又要有一定的专业知识,是英语教师和专业教师的完美结合。高校教师具备专门用途英语教师的潜质,可以通过对已有的教师资源进行培训,进而培养出符合 ESP 教学要求的具有综合语言能力的教师。对具备良好的英语基础的英语教师进行专业培训,鼓励年轻的外语教师攻读其他专业的硕士学位,或对英语水平达到一定标准的其他专业的教师进行英语培训,不断壮大双师型教师队伍,使他们成为支撑 ESP 教学的第一代教师。同时,高校英语教师和专业教师加强业务合作,进行跨学科合作教学,以弥补彼此的不足,不断提高教师队伍的素质,从而建立起一支专业知识和英语知识都过硬的 ESP 教师队伍。目前,高校与企业学研结合不断加强,高校英语教师的操作技能和动手能力在这个过程中不断提高,对于学科专业知识发展趋势和企业岗位实践的深入了解,再加上扎实的语言基础知识,为 ESP 教学打下基础。

高校英语教学应考虑学生的学习需求,将学习基础语言与学习专业语言结合起来,教学重心需要从 EGP 教学向 ESP 教学方向转移。运用 ESP 理论指导高校英语教学是一次大的革新,也是高校英语教学改革的现实需要。

六、专门用途英语理论对高校英语教学的启示

专门用途英语(ESP)是个完整的教学体系,将语言知识与专业知识融合起来。同时它还是一种英语教学的途径,把英语的运用与专业有机地结合起来,充分体现了英语的工具目的,其符合高校教育的培养目标与客观实际。把 ESP 引入高校英语教学中,使高校英语教育事业建立在科学的理论基础之上,对目前的英语教学是一次重大改革。专门用途英语理论对高校英语教学有以下几点启发。

(一)转变高校英语教学观念

高校英语教学要转变教学观念,明确"英语是解决问题的工具"这一理念,使教学更有实效化和多样化。可以借鉴和引进国内外行之有效的 ESP 教学理论和方法,将 ESP 与我国高校英语教学相融合。围绕培养目标,按照循序渐进的教学规律和高校英

语"实用为主,够用为度,应用为目的"的教学原则,将整个教学活动从以往的单一"公共基础课",逐步划分为基础英语、实用英语和专业英语三个阶段。在教学中要将学习者看成是目标情境中的语言用户,而不是课堂上单纯的语言学习者。高校英语教学内容与教学活动要与学生未来的目标岗位群相关,为职业服务,让学生体会到英语学习不再是语言知识的积累,而是为今后从事专业领域工作服务,成为解决问题的工具,从而激发学生的学习兴趣和学习动力。

(二)高校师资建设要引起政府和高校的重视

高校教师队伍应具备跨学科的知识,并对高校教学目标有全面深刻的认识,从而为高校英语教学改革的顺利进行提供有力保障。合格 ESP 教师的培养和培训同样至关重要。要想使 ESP 教学获得可持续发展,政府和主管部门应该把 ESP 当作一个新的行业重点投入,根据市场的需求对师资培训结构进行整合,尽快建立相关体系或模式来培养 ESP 教师。学生的培养和能力建设需要外语和专业学科的共同参与,因此,各高校和研究机构也必须注重加强外语和各学科间的学习与合作。只有先使教师成为复合型的创新人才,才能培养出创新型的学生。

(三)形成独立的高校英语教学评估标准

ESP 教学最终的目的是使学生在英语语言方面的能力得到社会的认可,因此要确保 ESP 在高校英语教学中的应用,科学的 ESP 教学评估体系的确立要和 ESP 教学同时进行。加强对 ESP 的宣传,特别是加深社会、政府、企业对 ESP 的了解,增加认同感,逐步扩大 ESP 在社会上的影响力,在高校英语教学体系中建立 ESP 主导的职业类别的英语水平考试。让 ESP 教学在社会上有相当大的影响,形成社会对高校英语教学独立的评价标准。

ESP 教学是市场需求与高校英语教学的结合点和切入点,高校英语教学要以学生为中心,提高学生的英语应用能力,使学生从为文凭而学习转变成为提高就业能力而学习。努力把英语学习、信息技术和专业知识三位一体地结合起来,并进行互动式的职业训练,培养高校学生有效的英语应用能力,从而增强学生的就业竞争力。基于专门用途英语理论的高校英语教学改革是一个浩大的工程,其需要各方面的大力扶持、合理规划和制度上的保证,以及政府部门、高校院校和高校英语教师的共同努力。

七、基于专门用途英语理论的大学英语教学模式改革实践

当前社会的经济发展在不断推动高校办学模式的发展,高校英语教学也必须紧跟时代发展的步伐,不断发现和解决英语教学中存在的各种问题,并在实际英语教学活动中逐步加以解决,以求达到高校英语教学的最优化。高校英语教学要为企业和岗位服务,培养学生在今后职业岗位的各个场合使用英语进行基本的语言交际或实际操作,能够通过外语技能更好地发挥专业技能,真正体现学有所用、学以致用的宗旨。专门用途英语教学方法实际上就是一个专业与英语结合的方法体系,可以用它来指导我国新的高校英语教学体系的构建,改进高校英语教学。根据学生的专业方向、职业类别以及岗位中英语的使用情况,在英语听、说、读、写、译诸项能力中,有针对性地进行侧重训练。从实用出发,摒弃复杂的语言理论知识,结合专业培养学生的外语交际能力。根据培养目标和业务范围,使知识、能力和素质协调发展,实现共同提高。

(一)以"需求分析"为基础确定高校英语教学目标

根据 ESP 的以学习为中心的需求分析理论,高校英语课程的开设和教学实施,首先必须对目标需求和学习需求进行分析,确定高校英语教学目标以及内容重点,为学生在目标情境中进行职业交流做准备。目标情境需求的分析本质上就是针对目标情境问题,分析学习过程中不同学习者对目标情境的态度。其主要从以下几个方面入手:

第一,目标情境中必需的知识与技能。它是学生将来用英语进行活动的目标情境的客观需求,也就是学生成功地在目标情境中运用语言所必须获得的知识和技能。以商务英语专业为例,要能有效地在商务领域工作,就要求学生掌握英语语言基础知识和运用英语进行商务谈判、书写商务函电与合同等相关的词汇以及在这种情境中常用的语体、语篇结构等,具有电子制单、因特网上交易的能力,能进行国际商务谈判,从事涉外商务管理与服务、对外贸易、市场营销等工作。

第二,学习者在目标情境中用语言工作存在的差距。指学习者当前的语言知识和技能与目标情境中所需的语言知识与技能相比,学习者还缺乏哪些知识与技能,这些缺乏的知识就是学生要学习的主要内容。根据学生的原有水平和课程对学生的要求来设计课程,这有利于把握学习材料的难易程度,并编制适合学生的教材。

第三，学习者自身的需要。学习者对自身需求的看法也不容忽视，学习者的学习目的、学习经历、对英语的态度和文化信息等主观因素是课程设计中非常重要的部分。学习者自身的学习需要有时会与目标情境的需要有冲突，也有可能目标情境的需要并不能满足学生的需要。在设计课程的过程中始终要以学生为中心，重视学习者自身的需要，提高学习者的学习动机。

高校英语的教学必须考虑学生的需要，充分理解学生的语言基础和知识水平，熟悉学生的兴趣爱好和愿望。同时还要了解市场需要，学习者将来在目标岗位必然遇到的交际情景，岗位环境和应具备的知识与技能。高校英语的教学目标可以定位为：贯彻实用为主、够用为度的原则。重视学生基础薄弱的现状，教学中贯穿必要的语言基础知识，将培养目标具体化。以岗位所需英语为基本目标，培养学生在涉外相关工作中的英语听、说、读、写、译综合技能，借助英语提高目标岗位工作的能力。

（二）针对学生专业选择和编写高校英语教材

教材与教育思想、教学原则、教学方法、学习理论和实践有着直接的联系，是各种教学理论、方法和手段的体现。它也是教与学的重要资源和依托，决定了教与学的基本方法，是教学的关键。随着现代科技的飞速发展，学生对学习材料的需求呈现多样性，职业教育教材的形式也变得丰富多彩。为了满足学生的多元需求，进一步激发学生的学习热情，职业教育的教材应当根据岗位对学生英语能力水平提出要求，加强听力和口语教学训练，增强其作为交流工具的实用性。同时，应协调好基础英语教材和专业英语教材在内容上的对应关系，强调英语"听说读写译"五大技能和专业英语能力的培养，增强英语的实用性，还可以根据实际情况自主研发教材。

英语与专业相结合是指把英语语言知识，如词汇、语法、听说训练和学生所学的专业结合起来，运用英语这一语言工具来为专业服务。高校英语教材应该以实用为原则，把真正反映岗位需求的英语知识传授给学生，为学生进入工作岗位做准备。

第一，按学生专业选择英语教材。教材作为学习输入的主要信息源，对 ESP 教学的成功与否起着决定性的作用。以"需求分析"为基础来选择教材可以减少 ESP 教材选用中存在的随意性和盲目性。对符合需求的教材，我们还应进一步分析其"真实性"的含量，确定其是否在目标方面迎合真实的交际需求，在选材方面具有真实的交际内容，在练习方面为学生提供真实的交际环境和真实的交际任务。根据需求分析理论和真实性的原则，高校英语必须符合各个专业不同的教学培养目标和教学要求，围绕高校生在未来实际工作中面临的英语涉外业务和活动进行教学，教材应当结合学生专业进行选择，要考虑不同专业的特色和岗位的特点，侧重从各自的职业岗位中选取教学内容。例如，旅游专业毕业生会经常用到的日常交际用语、景区介绍等，模具、电气专业常见的产品说明书、技术指导、维修指南等，使学生就业时拥有该岗位所需的英语能力。杜威提倡："把学习的对象和课题与推动一个有目的的活动联系起来，乃是教育上真正的兴趣理论的最重要定论。"根据专业选择高校英语教材，能避免教学资源的浪费，提高教学效率，保障坚持"实用为主"的教学原则的实施。同时，按专业选择教材充分体现了高校公共英语教学对个性的重视和关注，让学生感受到英语学习与岗位就业的相关性，从而激发了学生学习英语的兴趣。

第二，依据职业岗位能力的要求，设立课程模块选择教材。高校生英语应用能力是专业导向要求的重点。高校英语教师要认识到高校人才培养的职业性，根据社会对所教专业学生的英语运用能力的实际需求，有选择地使用英语教材，强化学生的英语职业技能。如文秘专业的学生在将来的职业岗位中，主要是与客户在电话、网络、商务会谈中用口语进行交流，因此，要侧重英语听、说能力的训练。而模块专业的学生更多的是接触有关产品说明书、技术指导、维修指南等书面文字，因此要着重培养学生业务资料阅读和翻译能力。

课程内容的更新整合与新课程的开发，需要紧密结合社会经济技术的发展，必须对应不同教育对象的教学目标进行。课程结构就是课程的组织与流程，反映教学的框架与进程。例如，旅游英语教学工作，根据培养目标与基本要求设置课程，力求从旅游英语方面来提高学生的英语水平，并根据旅游专业实践性强的特点，将旅游英语课程设计为两个模块：基础英语模块和旅游英语模块。基础英语模块以必需和够用为度，突出内容的针对性和应用性，注重探索以能力为基础构成的知识体系。国内外旅游英语教材都存在一定的局限性，在教材选择上常以一本权威教材为主，几本有特色的教材为辅，同时，在授课过程中插入中国传统文化的介绍。旅游本身就是最重要的跨文化交流活动，应该充分重视通过多种教学手段锻炼学生用英语向国外游客介绍中国古老的历史文化和美丽的自然风光。拓宽学生的知识面，培养学生的应用能力、实践能力和创新能力，突出人才培养的重要性、即时性和时代性，适应日益与国际接轨的中国经济发展的要求。

第三，师生、企业共同参与编写教材。为了突出高校教育人才培养的针对性和实用性的特点，高校英语教师可以根据专业课程的特点，用社会调查和职业岗位分析的形式，获取专业岗位所需要的英语知识结构和应用能力的要求，然后有针对性地编写具有本校特色的英语教材和配套辅助教材，自编校本教材应力求适合学生的英语水平和真实需求。在征集专业课老师、资深行业从业人员和已毕业学生意见的基础上，综合考虑职场需要，确定有关专业英语的内容、深度、范围等，剔除高深的理论教学，包含专业目标岗位群中常用的英语知识，增加贴近实际生活的或最新实用的辅助教材，把教学内容延伸到课外。

首先，教师根据专业课程的特点编写教材。教师要阅读一些普及性的专业书籍，并借阅学生的专业教材与笔记，对学生的专业学习有个框架性的了解。向专业教师和相关行业从业人员咨询，了解从事相关行业必须掌握的知识。同时，征求他们对学生ESP学习的目标内容等方面的意见。与已毕业的往届学生沟通，向他们了解工作中最实用的英语知识。关注职场信息，用相关人才招聘所需的外语素质上的要求来指导ESP教学内容与方向。专业要紧密结合市场最新走向，需要教师深入实践一线，收集教学素材，编写符合市场实际的实用性讲义。现在高等院校普遍开始实行"教师下企业"制度，促进了企业和学校交流的进一步融合，也促进了教材的完善。

其次，企业专业人才参与编写教材。在教材编制的过程中最好能与专业领域的人士合作，可以聘请企业专业人才参与编写英语教材，选择与专业相关的各种题材的语篇，包括目标岗位常用的一些说明书、技术合同、技术图纸，还有企业自编的一些专业词汇表等，都可以用来作为教材。根据企业的实际情况，产业结构和产品结构的调整对教学内容进行增补，更新和完善。提出合理的修改意见和建议，确定学生必须掌握的英语技能，摒弃与生产实际不相符合的内容，提升紧密联系实际的先进的知识和技术，使教学内容能灵活地适应新理念，以保证学生学到实用的知识和技能，使培养出的学生更具岗位适用性。

最后，学生参与校本教材的开发与应用。学生参与ESP校本教材的开发与应用能充分调动学生的积极性，激发学生的责任心，促使学生全程全力地参与，从而使ESP

的学习更具针对性和实用性。教师带领学生进行社会需求和职业岗位调研,分析从事岗位(群)工作所必需的专项能力。同时,鼓励学生参与ESP校本教材大纲的确定、教学内容的筛选、校本素材的搜集整理与加工、校本教材的应用与考核等。教师、学生群体、学校资源与校外行业资源之间进行全方位的合作。让学生平时从专业课程学习、业余兼职、媒体网络或其他途径搜集有关ESP方面的材料,尤其是已毕业学生在工作中应用到的产品及技术方面的英语素材。讨论并汇总本专业ESP可能学习的范围与内容。在综合多方信息的基础上,师生共同讨论确定教材的内容范围,并依据学生专业学习的顺序画出内容章节来。同时,发挥现代信息技术的强大功能,建立公共网页平台,开设电子公告栏,以方便其他专业教师、往届毕业生、行业从业人员参与编写教材。

带领学生搜集、整理、编辑ESP教材的过程是提高英语教师"专业"业务能力的有效途径。另外,ESP教材的试用过程,也是不断完善的过程。实际教学中,还需给更新、更实用的素材能随时补充进来留有空间,以代替某些相对落后的内容,使教材的建设处于动态的完善过程中。

(三)校内校外实训结合,提高学生的英语实践运用能力

语言学的研究表明,人的语言能力如果停留在认知的水平上是很容易遗忘的,因为语言能力必须通过语言行为才能不断地强化和保持。学习者要能使用他学过的语言,并拓展到新的语境中,还要作为一名语言使用者,根据他的需要创造出新的语言。这是英语实践运用能力的重要表现,也是高校英语教学的最终目的。高校教育在突出"应用"教学特色的过程中,强调专业教学要进行实践训练,组织学生经常锻炼技能,到现场实施教学,提高学生的动手能力,实现高校毕业生的高就业率。高校英语教学作为职业技能和素质培养课程,在教学改革的过程中也应当改变"重理论,轻实践"的倾向,将校内实训教学与校外实训结合起来。

(四)联合学校与企业加强师资力量的建设

高校教育要紧贴社会的需求,因此,高校教师需要不断地学习以适应社会的迅猛发展。高校应每学年抽出一定的时间,建立个性化终身化的培养体系,对教师进行英语教学改革、教学内容、教学方式、专业英语等方面的培训。针对各个专业,以满足个性化的培训需求,促进每位教师的专业成长,从根本上提高教师的教学水平和教学

质量。只有教师的教学理念、教学方法等发生转变，才能够提高课堂的教学质量。高校英语教师既要讲授英语的基础知识关键点、难点，还要学习专业知识，以适应英语课程改革的需要。只有一专多能的教师，才能培养出一专多能的学生，才能保证教学目的的顺利实现和教学质量的不断提高。

1. 大力培养双师型教师

高校英语教师必须首先把自身"工学结合"起来，掌握专业知识，积累专业从业经验，才能使该专业实现工学结合，让学生领略到工学结合的魅力和重要性。这就要求原来的英语教师要深入生产第一线，熟悉某专业（如国际贸易旅游、数控、机械等专业）的生产现场和作业流程，最大限度地提高自身的实践技能，以适应高校应用型技术人才培养目标对教师的要求。外语系要充分依靠自己的力量，利用他方的资源，建立适合本系的复合型人才培养要求的师资队伍。就地取材，创造条件对现有的教师进行培训，选拔一批语言基本功扎实、工作认真负责的英语教师，或派出进修学习，或到各个专业跟班听课，鼓励教师考取职业资格证书等，提高专业英语教师的"双师"素质，培养一批具有一定专业知识的英语教师。多层次的培训，对教师提高学历，更新知识，提高专业理论水平、业务能力起到重要作用。如经贸专业的英语教师，他们承担着外经贸英语函电、外经贸应用文写作、外经贸业务会谈等课程，并利用网络资源将有关学科的最新信息进行下载、编辑，制成讲义，以丰富课程内容，呈现出教学共相长、师生同进步的态势。

还可以校企联合，创建实践实习基地，依靠企业落实实践环节教学。让教师有机会到企业参观实践，参与企业的经营管理等。同时，还可组织有关教师下厂参观考察，到企业见习、顶岗锻炼。学校应积极鼓励教师去企业挂职锻炼，参加科研项目，参与技术革新与改造，同时积极鼓励教师参加教学改革和教材编写等工作，以多种形式和手段促使教师提高业务和教学水平。教师在带队实习和参与企业的科研攻关等活动中可以及时发现学校教育中的偏差，从而调整课程设置和教学安排，以满足应用人单位的需要。比如可以组织教师参观公司或企业，使教师和企业管理人员相互交流，相互学习，了解企业实际情况，有利于进行实践教学。

2. 积极引进企业优秀人才

在招聘富有实践经验的专职英语教师的同时，从企业以及涉外行业聘用兼职英语教师也是一个改善高校英语教师队伍构成的重要举措。积极引进，聘请专家、学者和具有丰富经验的企业家当兼职教师或到企业中聘请高级商务人员和管理人员担当学校的客座讲师、教授，也可以聘请知名企业高层管理人员来学院讲课，此外，因为行业竞争的加剧，许多具有良好英语应用才能的企业界人士面临着重新择业的情况，而高等院校对于他们来说具有很大的吸引力。高校可以从企业引进英语水平高且有工作经验的人才加入英语教师队伍。

第三章 高校英语教学中的思维模式探究

第一节 创新思维与英语教学

一、创新思维对于英语教学的作用

学生学习英语的过程绝对不是简单的知识积累，而是要通过对知识的消化掌握，形成自己的知识体系，并熟练运用。这就要求在英语教学中主要培养学生的创新思维能力，还要注意运用各种创新思维的教学方法。运用创新思维的教学方法可以培养学生的创造性思维，强化学生在听课过程中的反思意识，建立和谐互动的师生关系，营造创新求索的教学氛围；同时运用创新思维还可以激发学生学习的主体意识，培养学生自主学习的能力，使学生加深对知识的理解和运用。

二、创新思维在英语教学中的运用

（一）发散思维在英语教学中的运用

发散思维又被称作多项思维，是创新思维的一种类型，也是创新思维的核心内容。发散思维就是通过想象和联想来发现事物的新领域、新方法、新观点。因此，教师要在英语教学中运用发散性思维，可以通过一些适合发散思维的多媒体课件，设计一问多答、举一反三的问题。例如，在学习了"pay attention to"这个词组之后，教师可以让学生进行发散性的思考：还有什么词组可以代替这个词组？有些学生会举出"focusan"，而有些学生会举出"aimate"等，然后教师可以进一步提问这些词句的具体区别。又如，在学习"salary"这个词之后，教师可以让学生比较 income、 salary、wage、pay等词的词义区别,鼓励大家发散性地去思考问题。教师还可以让学生尝试用学过的词语去解释新学的生词,加深学生对新知识的理解。发散性思维在英语教学中的运用,可以使学生改掉静止孤立思考问题的习惯,打破思维定式的束缚,从而提高学生运用英语的能力。

(二)求异思维在英语教学中的运用

所谓求异思维,就是从同一材料中探求不同答案的思维,在课堂学习中可以要求学生用不同的语言表达同一内容,用不同的方法解答同一问题,从不同的角度分析同一人物形象,用不同的观念描述同一作品的主题,等等,这些都是训练求异思维的活动。

求同思维适用于学生学习的共性因素,而求异思维则更适合于学生的个性心理差异,使学生更深入细致、灵活变通地掌握知识和解决实际问题。在英语教学中主要运用求异思维,这是因为学生正处于心理、生理发育的最快时期,他们好奇心强,求知欲旺盛,喜欢求新存异,有一定叛逆的特征,这些都是在英语教学中运用求异思维的基础。英语教师在进行教学时,要抓住学生的这些心理特点,鼓励学生对问题发表自己的看法,从而激发学生的求异思维。

(三)创意思维在英语教学中的运用

所谓创意思维,就是通过视觉和感觉神经将记录下来的信息储存,然后将不同信息进行分类消化并融入本体思维中,而当新信息涌入时,本体思维就会迅速对新信息进行逻辑判断,使本体思维在不断地注入新信息的同时产生变化,从而形成新思维。在英语教学中运用创意思维,可以充分地借助现代信息技术和多媒体技术等教辅手段设计多媒体教学课件,让学生对学习的内容有直接的感官认识。在使用多媒体课件进行英语教学时,要力求课件能够达到使学生的形象思维转化为抽象思维,由感性认识上升为理性认识的作用。同时,教师要在教学中对学生进行指导,让学生对学习的材料有充分的理解,同时把要教授的知识点融入课件之中,在学生观看的过程中,对其进行引导和启发,加强与学生的互动沟通。

(四)逆向思维在英语教学中的运用

逆向思维是对司空见惯的似乎已成定论的事物或观点反过来思考的一种思维方式,这种思维敢于"反其道而思之",让思维向对立面的方向发展,从问题的相反面深入地进行探索，树立新思想，创立新形象。当大家都朝着一个固定的思维方向思考问题时，可以朝相反的方向思考，这样的思维方式就叫逆向思维。

在英语教学中运用逆向思维，就必须要求教师解放思想，敢于突破原有的一些思维定式。如在教学中，教师不一定要严格按照大纲规定的教学进程，教师完全可以按照自己的教学思路，在确保学生可以接受的情况下，从有利于教学开展的单元开始教学。又如新一轮基础教育课程改革后，教学的内容分为必修和选修两个部分，必修的内容不一定要花较多的课时进行学习，选修的单元也可以花较多时间进行学习。

综上所述，英语教学中创新思维的运用对于培养学生的创新思维能力、激发学生学习的主体意识、营造良好的学习氛围和师生关系具有重要的作用。因此，教师应注意从多角度、全方位地设计各种问题，激发学生的发散、求异、创意、逆向等思维，从而使学生对学习的知识由感性认识上升到理性认识，充分发挥学生在英语教学中的主体性作用，让学生根据所学的知识去创造、去探索。教师则要在学生创新、创造的过程中给予必要的启发与指导，从而进一步增强他们学习和运用英语的能力。

三、创新思维运用的方法

创新教育是对教育质量的巩固和深入，它强调在教学中教师应该把学生当作教学的主体，教师运用启发式教学方法组织各种活动来培养学生独立思考、自我创新的能力。为了发展学生的创新思想，必须把创新思维运用到英语教学中。但是怎样把创新思维运用到课堂上呢？

为了成功地把创新思维运用到英语教学中，必须对教师提出一些要求。传统教学的主要目的是帮助学生学习前人积累下来的知识以及经验，然后让学生运用这些方法来处理再次发生的事情，教师是照搬知识的人。但在现代信息社会，对一个人来说最重要的事情是创新，教师必须知道怎样培养学生用创新的方法来处理问题的能力，因此对教师有了更多的要求，包括以下三点：

转变教学观念。教师应使学生具备转变旧观念，接受新观念，创造新理念的能力，当知识老化的时候，能够自觉学习新知识。转变观念非常重要，英语教师必须接受英语的变化，更多地注重听和说，因此学习英语时，应多练习口语和听力，不能只是照搬语法。

形成现代教育理念。蔡元培曾经说过:"教育不是为了过去和现在,而是为了未来。"教育是为未来的发展服务的,如果一个教师只注重分数,那么教育就会变化。现代社会是一个高科技的信息社会,教师应有现代的教育理念,了解社会对学生的需求,了解创造性教育、个性教育,只有抓住目标,才能成为一名优秀教师。

提高教师素质。人们常说,要给学生一杯水,自己必须有一桶水。如今,教师更应该是一个泉眼。因此,教师必须提高自己,不仅增长知识,而且要提高自己的人格魅力。

世界在飞速地发展,如果没有创新精神,就跟不上时代潮流。英语是交流的一个重要工具,如果不精通英语,就不能向别人学习。学生是国家的未来,对他们来说,教学是学习英语的重要途径,因此教师必须不断学习,不断发展,关心国家,关心学生,只有这样,我国才能在国际竞争中取胜,只有把创新思维运用到教育中,才能真正做到"教育面向世界,面向未来,面向现代化"。

第二节 模仿思维与英语教学

一、模仿思维在英语教学中的作用

英语教学的目的是使学生掌握一定的英语基础知识,培养学生在实际交际中熟练运用英语的能力。因此,应该在教学中改变以教师为中心,改变侧重语法结构的分析、讲解及机械的句型练习的教学模式,而是采取以学生为中心的模式,加强训练指导,指导学生多模仿英美原声,让学生体验纯正英美发音和地道的语音语调,最后升华并内化为学生自己的特色。

(一)提倡英语教学中的模仿

人类从出生到咿呀学语,从幼童到长大成人,可以说在人生的每个阶段都离不开模仿。这是因为模仿是人类学会做事情的主要方法,是一个人在学习过程中必然经历的阶段。

古希腊著名哲学家德谟克利特曾说过:"在许多重要的事情上,我们模仿禽兽,做禽兽的学生。从蜘蛛身上,我们学会了织布和缝补;从燕子身上,我们学会了造房子;从天鹅和黄莺等歌唱的鸟身上,我们学会了唱歌。"

"模仿"一词在词典上被解释为照某种现成的样子学着做。可以说,模仿就是人的一种本能。那么,如何提高学生的英语口语水平,使他们的发音、语气语调都地道纯正呢?模仿英美原声就是一个不错的选择,还可以尝试以下方法。

1. 多听多读,知识输入

听读是人的大脑对知识输入的过程。如果学生能够经常大声朗读英语,便能够促进其记忆,有助于英语学习成绩的提高。同时,英文是典型的拼音文字,与汉语大不相同,学生通过大声朗读便容易懂得拼读的技巧和规则。当然,为了更好地提高朗读效果,学生在朗读前一定要多听几遍,然后试着模仿,逐渐提升自己的语感。而要想有较大收获,就必须做到每天坚持听读,这也符合语言学科的特点。

2. 大胆开口,知识输出

有了听读作为铺垫,学生还要多讲多说。因为开口讲话正是语言的输出,只有语言的输出足够多,才能真正学会一门语言。作为英语教师,应尽可能多地为学生创造机会,让学生开口说英语,使学生克服怕说错怕丢人的心理障碍,让他们不但在课堂上大胆地用英语交流,在课余时间也能积极大胆地用英语相互交谈。

可以在班级尝试性地搞英语角,每期给学生一个主题,任凭学生自己发挥,说错不要紧,其主要是锻炼学生开口说英语的胆量。这可以大大调动学生学英语的积极性,使学生对英语学习产生极为浓厚的兴趣,从而提高口语交际能力。

3. 扮演角色,兴趣推动

兴趣是引导学生学习的最好的老师。兴趣导航,事半功倍。教学中,可以尝试性地让学生进行角色扮演的游戏,为他们创设最真实的语言环境,让学生能够灵活运用所学语言处理实际问题。

著名学者张冰姿教授曾说过:"很多人想去国外留学,以为只有到外国才能把英语学好。其实不然。我的基本功都是在中国学习的。我第一次去英国已经57岁了,演讲完毕,掌声雷动。不久,就被邀请到BBC当播音员。我的英语学习经验就是在中国跟着唱片学,一篇课文至少模仿300遍,说完争取跟英国人一模一样。我的学生刚学完16篇课文,就可以去广交会当翻译,听口音都以为他们是刚留学回来。出国不过是多了一个应用环境,你讲得不好,人家一样当你是外人。"

张教授的话告诉我们,即便不在讲英语的国家生活,也照样能够说出一口地道流利的英语口语,其关键是下功夫模仿。

(二)模仿时需要注意的事项

1. 选择正确清晰的英美原文

利用软件地跟读来训练自己正确的语音语调,提高流利程度,培养英语语感,这是模仿的必要手段。在指导学生选择听力材料时需十分谨慎,为学生把好关,免得学生把宝贵的时间以及精力浪费在模仿错误的材料上。

2. 大声模仿,注意总结

大声模仿,这点特别关键。模仿英美原文时一定要大大方方,清清楚楚,注意指导学生口型要到位。当然,学生刚开始模仿不可能像外国人说得那样流利,此时应指导学生把语速放慢,慢速模仿,只有发音到位,口腔打开,音发准了以后,才可以逐渐加快速度,并逐渐采用中速和快速,直到最后脱口而出流利的口语。

3. 反复、仔细模仿,最后升华内化

英美原声的英语固然优美,但那不是一朝一夕就能够练成的,模仿时一定要有耐心、恒心和信心。模仿的练习必须反复进行,只有不厌其烦地重复模仿,才能达到量的积累,从而实现质的飞跃。但重复的操练和模仿并不等同于机械地让学生做一些无用功。仔细分析便可以发现,学生在重复模仿的过程中多多少少都进行了思考,他们在这一过程中,实际上会形成对发音规则的潜意识,最后不断地由强化训练到自觉练习,久而久之就会内化为自己的发音风格。

实践证明,模仿英美原声在英语口语教学中的作用日益凸显。模仿不但刺激了学生的积极性,而且能够真正地提高学生的英语口语水平,从而让学生在学习英语的道路上形成良性循环。而英语教师也在指导学生进行英美原声的模仿训练中掌握了技巧和经验,从而促进了教师自身业务水平的提高。可见,模仿的充分应用和正确应用能实现教师在英语教学中的双赢。

二、英语教学中的模仿教学

（一）模仿教学的理论基础

众所周知，模仿是人的生物学本能之一，是人类获取动作技能、智力技能的有效手段。通过模仿，各种信息得以最直接地传递和接收，从而使知识的获取、技能的习得在自然而然中实现。英语教学中，教师若能科学有效地运用这一手段，不但会消除初学者对英语的陌生感、晦涩感，而且可以在潜移默化中培养学生对英语的兴趣，使学生从感性认识的层面认同和接纳英语，实现英语教学的良性和可持续发展。现代教育理论认为，模仿教学的理论基础是模因理论。从模因理论的角度看，语言模因揭示了话语流传和语言传播的规律。语言本身既是一种模因，也是模因传播的载体，它的功能在于传播模因。模因理论为语言演变引入了信息复制的观点，也为英语教学提供了一种新的研究思路，启发教师在英语教学中可以借助模因复制和传播的方式有效地引导学生进行模仿和运用，从而提高语言的实际运用能力。

（二）模仿教学的现实意义

在教学中进行大量的语言输入，并通过适时适度的模仿教学培养学生的语感，消除学生的学习障碍，使其从英语学习中获得快乐、成功的体验，就可使英语教学步入良性循环的轨道。

（三）模仿教学的分类

模仿教学是多方面的，按照不同内容可分为对语音的模仿、对形态的模仿以及对语意的模仿。

1. 对语音的模仿

语言学科最主要的信息是声音。对语音的模仿包括模仿语音，模仿语调，模仿语速、语气以及模仿声音的节奏。基于此，教学重点就是语音的听说读到模仿训练。听音练耳，学腔模调，鼓励学生积极参与，大胆表达，注重提高他们对语言的感受和初步用英语进行听、说、唱、演的能力。学生的语言表达能力都是在模仿、使用中提高的。因此，学好发音，对学生学习语言至关重要。

2. 对形态的模仿

口腔是发音的重要表象，无论是单词、句子，还是对话教学，学生都要通过口腔进行语音操练，用身体来表达的意思是非常丰富的。教师在教学过程中可以恰当地辅之某些身体动作，使学生在表演的过程中进行学习，这将会激起他们的学习兴趣和学习热情。再结合自己的教学内容，让学生边模仿动作边朗读，尽可能把学生的注意力都集中在教学内容上。课文中涉及动作的内容，除了单纯的朗读、讲解外，教师可以通过让学生进行动作的模仿表演，加强对知识点的理解和记忆。如"Hands up. Put down your hands. Close the door"这类句型，教师完全可以让学生边做边说边学，当学生注意力提高了，兴趣浓厚了，句型也就记住了。再如，在教动词的时候，教师可以找学生到讲台上表演动作，然后让其他学生来猜；也可以说英语，让他做动作。看动作说英语的效果非常好。

3. 对语意的模仿

语意模仿，是让学生在教师创设的简明语境中对语言材料的部分内容进行替代、更换的模仿方法，其目的是让学生通过在有意义的情境中模仿，不再跟着老师或录音照样画葫芦，而是进一步理解所模仿材料的意义、用法，强调句子在语义上的功能，在掌握语言材料基本结构的同时，真正明白所模仿的语言表达的意思。

按照模仿不同的阶段来划分，模仿可分为机械性模仿、意义性模仿和创造性模仿三个阶段，在每个阶段，学生的模仿内容和教师所起的作用是不尽相同的，以下分阶段来谈一谈。

机械性模仿。机械性模仿是语言模仿的初级形式，也是语言学习的必由之路。机械性模仿主要是通过纯口腔性的训练，帮助学生把新学的知识形成比较稳定的语音形象。如在音标教学中，大可不必把每一个音标的发音部位和发音方法像体育老师教授体育动作那样将动作分解、示范、操练、整合等，只需控制好教学气氛让他们进行模仿，让其感觉模仿恰似婴儿牙牙学语般新奇有趣，使他们感到模仿也是一个语言信息的交流过程，他们就会饶有兴趣地"人云亦云"，只要教师的发音是准确的，学生的发声器官是健全的，模仿的效果就必然是好的。

意义性模仿。意义性模仿是让学生在有意义的情境中进一步地进行替换性模仿，以理解所模仿的语言材料，明白所模仿内容的意思。如在学习"there be"句型时，教师可以把不同的东西放在同一地点或把同一个东西放在不同地点，让学生在特定的情境中进行替换性模仿，组织能够表达一定意思的句子，相互之间进行问答练习，从而很好地理解所学句型的意义。

创造性模仿。创造性模仿是模仿学习中的最高层次。创造性模仿是指在机械性模仿和意义性模仿的基础上，将模仿而得的语言内化为学生自己的语言，并在新的情境中进行新的选择和组合，再创造性地运用模仿前期获得的语言知识，让语言在新的情境中为真正的交流和表达服务。

创造性模仿的一大特点是：此时的模仿已不再是原模仿语言的简单再现。它要求学生在创设的新语境中，对所学的语言材料进行选择，然后组合成符合新情境的新内容。它需要经过思维、想象、创造性地运用模仿前期所获得的语言知识，将模仿到的结构重新组合成新的结构，在新的情境中自由发挥并表达自己的思想和感情。

总而言之，模仿作为一种教学手段，既是英语教学的必由之路，也是学习英语的一种途径，持之以恒地引导学生进行科学有效的模仿是大有益处的。如果有一天，英语可以像母语一样渗透到学生的语言和思维中，那必将是教学工作结出硕果的时候，其中当然也有"模仿教学"的一份功劳。

第三节 艺术思维与英语教学

一、艺术思维在英语教学中的作用

随着经济的发展和社会的进步，人们对于物质文化生活水平的要求不断提高。人们不再满足于一般的物质需求，而是追求更高的文化生活和艺术的享受。因此社会加大了对艺术人才的需求，加上十年来的高校扩招，大批艺术类学生涌入高校，这对高等教育提出了更高的要求。同时，艺术人才参与国际竞争与交流也越来越成为必要，而英语是艺术人才进入国际平台的基础条件，它不仅是实用的交流工具，也是艺术人才自身素质和层次的重要体现。因此，艺术类学生的英语教师应充分认识到英语教学对培养艺术人才综合素质的重要作用，进而研究影响此类学生学习英语的因素及教学策略。

艺术类专业学生在学习英语的过程中会不自觉地受到艺术思维方式的影响，艺术思维方式在他们英语知识的学习和语言交际能力的培养上起着引导作用。艺术类专业学生作为学生中的一个特殊群体，其艺术思维方式特点使其在英语学习中存在着群体差异和特殊的心理倾向。

二、艺术思维的特点及教学方法

根据思维任务的性质、内容和解决问题的方法，思维的种类可以分为直观动作思维、形象思维和逻辑思维。形象思维是指人们利用头脑中的具体形象（表象）来解决问题，表象的主要特征是直观性。直观的形象为概念的形成提供了感性基础，并有利于对事物进行概括的认识，促进问题的解决。艺术家、作家、导演、设计师等更多地运用形象思维。

1. 艺术思维的第一个重要特点是形象性

在《思维方式与社会发展》中提到，艺术思维是直观类思维方式的一种，是与形象思维有直接关联性的特殊思维方式。在艺术思维活动中，思维的对象并不是抽象的概念和命题，而是具体、直观、形象化了的东西。因此，在英语学习中，艺术类专业学生会趋于喜欢形象的东西，如更多地关注教师的体态和姿势，希望教师能借助音调、节奏、手势语、体态语等生动的形象语言来授课，或是喜欢有插图的教科书。

对此，艺术类学生的英语教师应努力使教学过程形象化。形象化的英语教学首先应遵循模仿原则。语言是人们在长时间的实践中形成的认同符号，孩子学语言是个模仿的过程。他们每天模仿父母、周围的人、电视等一切可以模仿的东西，并且模仿得越来越像。然后，他们渐渐停止了模仿，最终形成融合自己个性特征的语言方式。模仿是学习英语的基础，而创新源于模仿。作为英语学习者，必须模仿已有的东西。只有通过模仿，在真正掌握英语的灵魂精髓之后，才能形成自己的语言风格。艺术类学生对语言的模仿就是对具体直观的形象的模仿，这种直观的形象反过来也就具有了艺术性。这要求教师能通过优美的板书、得体的教态、幽默的语言和机智的课堂表现，向学生展示其人格魅力和艺术修养，借此对他们进行潜移默化的感染。在教学过程当中，教师可利用简笔画、英文歌曲、英语绕口令和短剧表演等表现形式来增添教学的艺术性，使学生获得足够的审美体验。教师还要注意对课堂教学的调整，使其富于变化，有高潮、过渡，交替自然，难易适中，还能调动多种感官活动。一堂好的英语课就像一首美妙的乐曲，应该是跌宕起伏、动静结合的，既有酣畅淋漓的热烈感受，也有恬静安详的轻松氛围。

2. "想象性"与"非逻辑性"是艺术思维的另一个特点

在艺术思维中，主体总是浮想联翩，脑海中自始至终不断地进行着较清晰、较具体的形象思维活动，其表现为一个创造性的综合想象过程。这个思维过程打破了逻辑思维的常规性和有序性。因此，艺术类专业学生在英语学习中倾向于能使他们进行想象的人和物，如生活中的一个故事、一段情节、一个场景、一段旋律等。因此，教师可以结合授课内容适当选择明确且具体形象的辅助材料，并且采用学生较熟悉、易操作的内容或方式来组织具有想象性的课堂活动，如请学生想象自己未来的生活状态，看图想象说话、作文，或为某一篇课文设计另外一个结尾，等等。

另外，教师可以结合生活来增加学生的词汇量。在讲单词的时候，教师可以拓展其派生词并联系生活，引起学生的联想。建议学生把英语学习融入课外生活当中，平时多注意观察生活中所接触到的英文单词，如逛街时的英文店名和商标，吃饭时的"吮指鸡"，洗手间的"手帕纸"，等等。这些方法会激发学生的学习热情，提高学生学习的主动性。

3. 艺术思维是感性的

艺术思维是一种渗透着主体浓烈情感因素的思维活动，是一种寓理于情的思维。因此，在英语学习中，艺术类专业学生对充满强烈情感体验的课堂活动会表现出极大的热情。如学舞蹈的人听到乐曲会情不自禁地随着节奏摇摆，学音乐的人听到熟悉的音乐会跟着唱起来。教师在课堂中可以播放一些能够震撼学生内心情感的英语影片供学生欣赏，或把课文内容改编成戏剧，然后由学生担任角色表演，以此促进学生的英语学习。

很多艺术专业的学生对英语的学习态度是消极的，也就是说，班集体的消极情感占了主导地位，通常造成学生被动学习和抵制学习。教师要善于调动班集体的积极情感，发现学生的长处，善于捕捉学生的每一点进步，并让学生感受到自己的进步，进而坚定学习的信心和决心。教师要善于鼓励，及时反馈，要创造机会（如竞赛表演、演示等），让学生展示自己学习的成果，使学生体验到一种成就感。这种成就感不但可以激发学生进一步学习的信心和决心,而且可以形成英语学习的良性循环。

另外,也可以尝试小组学习,即把大班分成自我驱动的小组,在小组中进行合作学习,这是人本主义心理学家倡导的一种学习方式。合作小组由四到六个学生组成,他们因为共同的目标而团结起来,为完成任务,使每个人得到提高而一起学习。小组学习的形式有拼版式、小组调查、角色扮演、学生小组成就分工法、小组讨论等。小组学习使学生能在轻松合作的氛围中学习,发挥团队合作精神,体验集体感、荣誉感和成就感等。

人们把思维活动分为逻辑思维和形象思维,而语言则和逻辑思维密切相关,艺术主要表现为形象思维。艺术类专业学生也具备逻辑思维方式,但由于受到艺术实践的影响,逻辑思维在思维活动中不占主导地位,这恰恰是艺术思维在英语学习中的局限。首先可以从思维方式的差异分析入手,联系到语言习得,再结合英语教学理论,进而探讨适用于艺术思维的英语教学方法。

经初步证实,英语形象教学法能较好地吸引艺术类学生的课堂注意力,增强学生在课外生活中联想英语学习的兴趣,从而对艺术类学生的英语学习起到一定的促进作用。

第四节　理科思维与英语教学

随着新一轮基础教育课程改革的实施以及英语课堂教学改革的深入,在精彩的英语课堂教学环节中,课堂教学的有效性显得尤为重要。课堂教学有效性的关键就是平时的教学要结合学生实情,让理科思维融入英语教学,给学生以语言实践,突出课堂的高效。

英语教学教无定法,没有一种教学方式适合所有的学生和所有的课堂,应视不同的教学对象实施不同的教学方法,即要因材施教。总之,对于英语课堂教学效率的提高,方法是多样的,智者见智,仁者见仁。教师应该从"爱心倾注,构建和谐师生关系"的角度来进行教学。

一、理科思维与英语教学

苏霍姆林斯基说:"真正的学校应当是一个积极思维的王国。"理科是实验性学科,但是,也有大量的文字笔记需要记忆。而这些笔记则是教科书知识的浓缩、补充和升华,是思维过程的展现与提炼。"看、记、思、展"这一思想既贯穿理科,同样也适用于英语。让英语走进理科情境。

"看":看实验中的现象。在掌握最基本的物理性质的前提下,通过现象掌握核心的化学性质。看英语单词构成和句子逻辑,看清构成单词的字母顺序,对于学生学英语而言很关键,因此在教学时要提醒学生意识到这一点主要是看句子逻辑,看清句子成分,即主、谓、宾、状等。

"记":记实验现象,记方法步骤。对于英语单词,一定要记标准发音,其实熟读便是记。对于句型,同样以读为记。

"思":思分子构成,想象其空间模型。英语中则要思各种时态的细微差别,一种时态对应一种标志或暗示。这就需要教师在平时的教学中要求学生自己思考总结。

"展":展,即拓展。有机化学中,一种分子结构可以构成几种不同物质,这就是物理本质上进行化学性质的改变。而在英语中需要怎样的拓展呢?课内英语的基本词汇量其实不多,都是在基本单词的基础上添加 y、ly、d、ing 等一些词缀。所以类似于这样的词,就可以合并记忆。

二、英语教学的"同课异构"与回归

所谓同课异构,就是立足教学实际,同课是基础,异构是发展,基础内容是前提,而所采取的教学方法和策略各有不同,运用不同的构思来进行有效教学,这就构成了不同结构的课程。这种全新的理念无疑是提倡运用理科的逻辑性思维创设英语教学环境与流程。让传统的死记硬背式"文"英语变成可灵活掌握的"理"英语。但教学过程会受到教师、学生以及媒体等诸多因素的影响,因此教师应该综合考虑各种因素,坚持以学生为本,所创设的理科情境要有一定的真实性和现实意义,不仅要注重学生的兴趣,更要注重所创造的教学情境紧扣教学知识和教学技能。

三、"理"性运用现代教学技术

现代教学技术作为一种现代化的教学手段，已被广大教育工作者所认可。但是，如果把现代教学技术仍停留在将小黑板换成投影屏幕或电子白板这一层面，就不能充分发挥现代教学技术的全部功能，也就不能真正体现现代教学技术在教学中的价值。所以，如何更有效地利用现代教学技术很关键。

英语是一门实践性很强的学科，听、说、读、写一定要共同发展。如同建造房子，单词是砖块，语法是设计图纸，做习题是实际建造，听力和语言表达则是完善的装饰功能。教师必须把学生置于运用语言的活动中去感受分析、理解、操练，从模拟交际到真实交际，以期真正掌握英语。所有这一切都必须靠发挥学生的主观能动性，激发他们的学习兴趣，使其形成良好的学习动机，同时教师为其创造良好的客观条件，才能有效地实现。即使是一个好的方法，经常用也会失去它的魅力。为了激发学生的兴趣，教师应提高知识层次和各项修养，才能达到良好的教学效果。拉近师生之间的距离，让学生在轻松愉快的环境中体会到学习英语的快乐，最终使每个学生都能得到很好的发展。

四、让多媒体真正融入英语教学

英语教学中使用多媒体辅助教学已成为许多教师的首选。多媒体教学在帮助教师教学的同时，也改变着英语课堂的教学模式和教学氛围。这种改变有其积极的一面，但也有其负面的影响。要正确地发挥多媒体这一先进技术的作用，使其融入日常英语教学，为教师和学生所用，而不是成为教师和学生的负担。教师能够利用互联网和多媒体更好地丰富教学资源、提高自身专业素养；学生能够利用互联网和多媒体开阔眼界，提高自主学习和合作学习的能力。

第五节　思维模式负迁移与英语教学

一、汉语负迁移与英语教学

迁移是学习中的一种普遍现象，它广泛存在于知识、技能、态度和行为规范的学习中，也正是由于迁移的作用，所有的习得经验都是以各种方式相互联系起来的。

（一）文化迁移的定义

已有知识对新知识学习产生影响的现象被称作迁移。促进新知识学习的迁移被称为正迁移，阻碍新知识学习的迁移被称为负迁移。行为主义心理学认为，英语学习中所犯的错误或遇到的障碍多是学习者母语习惯负迁移的结果。文化迁移则是指人们下意识地用自己的文化规则和价值观来指导自己的言行和思想，并以此为标准来评判他人的言行和思想。

（二）汉语文化负迁移对英语学习的影响

因为英语学习者是在已具备了一套完整语言规则的基础上进行学习的，他已完成了依靠语言社会化的过程，其社会身份已确定，所以在学习英语时，其已有的语言知识不可避免地将成为学习英语的参照系，其原有的世界观、人生观、价值观等不可避免地会发生迁移。

从文化迁移的角度来看，要培养出具有很强语言交际能力的学生，教师需要很高的素质。教师不但要有深厚的语言功底，还必须具备较高的东西方文化修养、很强的跨文化意识和跨文化交际能力。

（三）防止汉语负迁移的教学原则

1. 情境性原则

语言作为交流的工具，必然与特定的情境相联系，如果脱离实际运用而单纯孤立地学习语言知识，那么势必会造成最初学习时的语言情境与将来实际的应用情境相差太大，从而造成迁移受阻。在汉语环境中学习英语，在一定程度上增加了学习的难度。

如果不考虑这一特点，而是脱离实际、孤立地学习英语知识，尽管学生在头脑中储存了所学的语言知识，但这些知识有可能仍然处于惰性状态，难以在适当的时候被激活、提取出来加以应用或迁移。为此，教学中应考虑情境因素在语言学习中的作用，充分创造并利用各种情境，以使语言迁移达到最好的效果。

2. 鼓励性原则

个性特征是相对稳定的心理品质，这意味着个体在进行语言学习与知识迁移活动时，不可避免地受个性特征影响。个性特征可以影响学生的整个学习过程，自然也影响迁移过程。在英语教学中，教师应充分考虑到这一点，鼓励学生用英语进行交流，努力尝试运用新的不同的方式来表达意义，对于学生主动使用英语的意识及其行为给予充分的肯定和支持，鼓励学生正视英语学习中的错误。同时，针对学生可能存在的个性问题，教师要正确引导，使学生成为一个积极的英语学习者。

（四）汉语负迁移下的英语学习策略

语言教学应是渐进的、自然的、启发式的、关联的，而不是集中、说教、注入、孤立式地教学。文化随时间、地点、人物的角色变换而变化。因此，作为文化中介的教师，在教学中，应以培养学生的跨文化交际能力为目标，以汉语文化和英语文化为内容（还包括其他文化），除高雅文化外，还应涉及大众文化习俗、仪式及其他生活方式，价值观、时空概念、解决问题的方式等深层文化的内容，所讲授的文化信息来源应多渠道，如阅读、交流、大众媒体、实例分析、调查、到目的语国家实践等，从多角度介绍来自不同文化背景的人编写的文化材料，并从汉语文化、英语文化及其他语言文化等多重角度看待英语文化，应采用启发式教学，强调实践，注重学习者的个人参与。教学方式可采用对比法，比如让学生就某一方面将英语文化与汉语文化进行对比，从中找出异同，突出强调同汉语文化存在差异的英语文化现象，可以尝试从多重角度特别是本民族的角度对英语文化进行理解，从心理上认可其在英语环境中的合理性，调整自我观念，超越文化隔界，以开放的态度从不同视角看待和理解母语文化和异国文化。

不同的民族有不同的文化，各民族的文化既有个性又有共性。共性为跨文化交际提供依据和保障，个性却构成跨文化交际的障碍，进而引起文化的迁移。文化迁移受交际双方文化背景以及思维方式的影响，在语言使用中会产生诸多文化迁移现象。探讨英汉文化迁移有助于消除交际障碍，可以开阔视野，促进文化交流。

二、汉语负迁移与英语语法教学

汉语作为母语，难免对学习英语语法产生影响。许多英语语法错误都是汉语的负迁移所致，在英语教学中应正确引导学生学习英语语法。

（一）语言迁移的本质及理论

语言迁移（language transfer）是指学习者在使用第二语言时，常借助于母语的发音、词义、结构规则或习惯来表达思想的现象。任何有意义的学习都是在原有学习的基础上进行的，有意义的学习中一定有迁移。中国学生学习英语，不可避免地受到汉语的影响。因为汉语作为原有的经验，是新的语言学习的一种；认知上的准备，不可避免地参与到新的语言学习中。无论语外迁移，还是语内迁移，都存在着正负两种同化性迁移。而汉语向英语各个层面上的正负迁移更是为人们所熟知。

许多学生在学习英语的时候会习惯性地把母语语言习惯强加在英语上，于是母语的负迁移现象层出不穷。这些负迁移现象通常表现在文化因素、语音、词汇和语法等方面。而汉语作为母语，对于中国学生学习英语的干扰是多方面的，涉及语音、语义、句法结构等各个层面，其在语法方面的表现尤为突出。受母语负迁移影响，学生在英语学习中较多侧重于词法和句法的学习和使用，而缺少对语法整体结构的认识和理解。

在英语教学中，学生掌握不了句子的主要意思和分句本身所存在的逻辑关系，导致其主次不分汉语中很少使用被动语态，且被动句中通常含有被动标志词，如"被""由"等，而英语中被动语态的使用十分普遍，且被动意义有时是单纯地通过句子的形式表现出来的；英语中用"it"做形式主语是一个非常普遍的句型，而汉语中则没有这一现象。这些语法错误都是受到汉语的影响，即汉语的负迁移所造成的。

汉语对英语语法学习的负迁移主要包括名词、主谓一致、代词、介词、时态、被动语态等几个方面。为了进一步了解学生因汉语负迁移所产生的语法错误的具体表现及出错原因，需对每种语法错误进行分析，下面是分类后的一些典型的语法错误及可能的原因分析。

汉语中对代词的使用很简单，主格和宾格一样，在所属格的词尾直接加一个"的"字即可，名词性物主代词和形容词性物主代词一样，反身代词也是通过在词尾加"自己"就可以实现；而英语中每一种格都对应着不同的形式。

在形容词和副词比较级的使用方面，汉语和英语之间也存在着一定的差异：汉语是通过在某个形容词前面加个"更"字来实现的，而英语则是通过对形容词本身变形来实现的，而且形容词变比较级也有几种不同形式。

关于主谓一致，英语和汉语之间存在着很大的差异，汉语可以说"我是一个学生，你是一个学生，他也是"，但英语必须用不同的 be 动词形式。换句话说，汉语中主谓一致并不影响语言的表达形式，而英语中主语的变化则会改变谓语形式的变化。

动词时态方面，汉语对时态的表现形式并无严格的格式限制，如"昨天当他到达车站的时候，火车已经开走了"，但在英语中对时态的表示有严格的格式要求，此句从句须用一般现在时，主句用过去完成时。

（二）避免汉语语法负迁移，加强英语语法学习的主要策略

1. 中英文语法对比

由于中英文的语法结构在某些地方的相似和不同之处比较多，教师应时常对中英文的语法表达进行对比，以进一步加深学生的理解，即促进汉语语法正迁移，从而减少负迁移。教师讲解语法不一定非得把一个问题的所有方面都讲全讲细，相反，要尽可能地用简洁清楚的语言，使学生容易理解、消化、记忆和运用。

2. 语法与词汇糅合

把语法与词汇糅合在一起，学习语法以动词为纲。张道真说："有人把语法比作树干，词汇可说是枝叶。根深叶茂才能长成大树。"因此不要把语法作为一种孤立的知识来学习，孤立学习语法不可能真正掌握语法。干巴巴地讲语法不会激起学生的学习兴趣，语法只有在活生生的语言中才能体现时代气息，语法和词汇是血肉关系。

3. 创造情境教学，增强语篇情景意识

教师在英语语法教学中应坚持"优化而不是淡化语法教学"的原则。目前广泛较为应用的两类语法课堂教学模式是演绎语法教学模式和归纳语法教学模式。除此之外，还应创设趣味性去贴近学生生活、适合目标语的语境，让学生在语境中寻找语法规律，运用语法规则，内化语法知识，从而真正提高语言运用能力。情境教学法还意味着教

师应为学生学习语法创造语篇情景。教师应当在语篇层面进行语法教学，帮助学生树立单句是语篇有机组成部分的观念，培养学生把单句放入语篇中来选用适合语境的语法知识的意识，并引导学生关注语境如何决定语言形式的选择。

（三）对今后英语语法教学的思考

通过上面的分析可以发现，研究中出现的语法错误大多是因汉语负迁移导致，这种错误如果不经过教师的指引和教学策略的帮助，学生很难意识到并改正这些错误。

因此，在英语的教学过程中，教师应该首先让学生认识到存在于英语语法和汉语语法之间的不同点，意识到汉语对英语学习所产生的干扰，并努力找出解决办法来消除和避免因汉语负迁移所导致的英语语法错误。

第六节 英语教学中思维模式的培养

一、英语教学中的模仿训练

在近几年的英语教学中，很多教师开始注重语音模仿训练，让每个学生明白语音在英语学习中的重要地位。

模仿不是机械地重复，而是要求学生注意语音、语调、语气、句子的停顿和节奏的训练，培养学生讲清晰流利的英语口语的能力。学生在放松欢乐的氛围中既获得知识，又不易产生心理疲劳，有效地避免了学生在课堂上注意力不集中的现象。

语音模仿训练在听力教学中也能适当渗透。在听力教学中，学生通过听音模仿、朗读后复述、边听边写等方法，反复训练，及时纠正发音，不仅对学生起到督促鼓励的作用，还可以有效解决学生朗读、理解课文、语法等方面存在的问题。更重要的是，教师还掌握了学生英语水平的第一手资料，并以此为依据，有针对性地制定各阶段的教学计划和教学安排，有利于提高课堂效率和教学质量。

二、英语教学中的创造训练

只有简单的听和说远远达不到学习英语的目的，大量的模仿训练可帮助学生掌握熟练的发音及口语的基本技巧，能够有效地巩固英语基本知识。但是，如果只强调模仿性地说，而忽视创造性地说，就很难培养出真正的说的能力。

句子是语言交流的基本单位。人们都是以一个意思完整，符合语法规则的句子来表达思想、交流沟通的。在教学实践中，有些学生尽管记忆了几千个单词，储存了很多个句型，但很多时候却无法将它们重组成恰当的语句，是由学生缺乏从书面语言向口头语言转换的能力。

要让学生流利地使用英语交谈，首先必须培养英语口头造句能力。课堂上，教师每教一个新单词，都让学生用这个新单词自由造句，这不仅能帮助学生更好地理解单词的意思，掌握这个单词的用法，还能够帮助学生复习学过的句型，同时也锻炼了学生的创造性思维。在造句的过程中，学生自然而然地就掌握了新单词。学生的思维具有直观性和形象性，同时也具有内在的创造性。所以，应尽可能地培养学生思维的灵活性和变通性，发展学生思维的独特性和新颖性，给学生提供发挥创造性思维的机会。这样，学生不仅巩固了句型，还能用学过的单词记忆新的单词。要引导和培养学生的创新能力，教师在教学中也应重视创造。只有具有创新能力的教师，才能更好地培养学生的创新能力。

三、创设良好的英语学习环境

在英语教学中，模仿和创造仅靠课堂教学是远远不够的，因此，教师要想方设法营造英语学习氛围，帮助学生进行深入的练习。可以每月组织学生开展一次英语文化周活动，其中一个很有意思的活动就是英语电影配音和情景模拟表演。电影是一个很好的媒介，其不仅为学生提供了丰富生动的画面，更重要的是地道的英语对话增强了学生对英语语言文化的感性认识，还加深了对西方文化的了解。首先，节选一些比较有趣的电影片段，让学生仔细观看，在熟悉材料之后根据画面模仿练习其中的精彩对白。在挑选影片时必须考虑学生的认知水平，对白最好简单易懂，词汇不宜过难，语法不宜过多，影片基调也应是积极向上的，这样学生模仿起来才不会产生畏难情绪。有趣好玩的动画片就是很好的选择，例如《功夫熊猫》《狮子王》《冰河世纪》等。还可以利用电影进行创造性训练，如教师可以将学生分为几组，然后小组成员讨论并组织语言，将此片段内容进行简单介绍或复述，这一过程能够很好地培养学生的创造性，让学生在娱乐中获取知识,帮助他们增加对英语国家的了解,增强对文化差异的敏感性,培养学生跨文化交际意识。

总之,只要英语教师重视模仿、创造训练,以课堂为主阵地,积极开发学生的创造能力,科学引导,不断创新、完善教学策略,并且持之以恒,学生一定会在英语口语方面取得显著的进步。

第四章 高校英语教学中的词汇与语法教学

第一节 对词汇教学的理解

一、词汇的作用

词汇犹如高楼大厦之砖瓦,是组成语言最基本的材料,没有词汇也就无所谓语言。人类的思维活动是借助词汇进行的,人类的思想交流也是通过由词构成的句子来实现的。英国著名语言学家 George W.Wilkins 在《语言教学中的语言学》中曾指出:"没有语音和语法,人们不能表达很多东西,而没有词汇,人们则无法表达任何东西。"由此可见,词汇是发展语言技能的重要基础。要想学好英语,掌握相当的词汇量是前提,词汇量的大小和正确运用词汇的方法是衡量一个人语言水平的重要标志之一。如果词汇贫乏、词义含混,就无法顺利进行听、说、读、写、译,也就无法流利地进行英语交流。语言能力的培养离开了词汇,也就成了"无源之水"。因此,要学好英语,词汇是基础,也是关键。

二、词汇教学的意义

词汇教学是语言教学的基础之一,在整个语言教学过程中起着举足轻重的作用。词汇能力不足将严重影响学生的阅读水平、交际能力、写作表达、听力理解和其他技能。但词汇学习绝不是简单的死记硬背,有效的词汇学习包含各种学习策略,尤其是记忆策略。因此,在英语教学中积极探索有效的词汇教学方法及词汇记忆策略对于减轻学生负担和提高词汇学习质量都具有重要的现实意义。教师作为教学活动的主导,应当有效地指导学生进行词汇学习,特别是要利用好课堂这一主要阵地,加强对学生词汇学习方法的指导和策略的训练，着重培养学生可持续发展的词汇学习能力。

教师如果能加强词汇教学，给学生以正确引导，学生的学习状态肯定会大有改观。如何有效地进行词汇教学，如何在词汇教学中培养学生的思维能力以及使学生主动、自觉、有效地记忆单词，是我们每个教师都应该认真思考的一个问题。

三、词汇的含义

词汇学习贯穿于整个外语学习过程。英语虽然是一种拼音文字，看起来似乎不难，但由字母排列组合起来的单词却有数十万个，充分体现出"词汇多、词义抽象、惯用词组复杂"的特点。对中国学生来说，英语是第二语言，面对浩如烟海的英语词汇真不知道先学什么词、从什么时候学、怎样学，也不知道词汇学习何时是个尽头。因此，如何有效地学习词汇是教师和学生共同面临的困难。要解决这一问题，我们首先要弄清楚：怎样算是学会了一个词语呢？我们会关注该词的语音、语调、词义用法，可有时候一个单词的形式和意思比想象中要复杂得多，也无法找出恰当的中文意思与之对应。其实，词汇不是孤立存在的，学习一个单词也不仅仅指学习该词本身。词汇学习至少要弄明白两方面的意思，一方面要理解该词的本义和转义，另一方面要理解该词与其他词之间的意义关系，如搭配、同义、反义、上下义关系等。

（一）本义

词汇的本义指一个词形成时人们所赋予它的含义或者说它所指的事物，又称"指示意义""词典意义""所指意义""中心意义"等。

作为人们语言交流的基础，词汇的本义基本保持不变。因此，词的本义相对比较容易掌握，如 house 指的是"房子"。但也有一部分英语词的本义与中文概念无法对等，如英语中父母的兄弟都可以用 uncle 来称呼，但汉语对这一称呼有严格的区分，如"伯伯""叔叔""舅舅""姑父""姨父"等，在这种情况下，新的概念必须充实到词汇中去。

（二）转义

词汇的转义指一个词的内涵意义或隐含意义。《辞海》对"转义"的释义是：一个词由其本义中派生出来的意义，包括引申义和比喻义两类。绝大多数的英语词汇除本义之外，或多或少地存在转义，甚至其转义的含义超过了本义。

《新英汉词典》中，仅是对 tiptoe 的词性就提供了四种，含义也琳琅满目：①作名词（脚趾）；②作副词（踮着脚）；③作形容词（踮着脚走或站的，小心翼翼的，偷偷摸摸的，兴奋的，得意扬扬的，急切的，期待的）；④作不及物动词（踮起脚，蹑手蹑脚地走）。该词典还提供了两个与 tiptoe 有关的成语：be on the tiptoe of expectation（翘首以待，殷切期待）；on tiptoe（踮着脚，急切地，期待地，悄悄地，偷偷摸摸地）。tiptoe 的本义指的就是"脚趾"（脚前端的分支），但经不断引申后，竟会出现如此丰富的转义。

（三）搭配

词语搭配是指英语中经常使用、表达完整意义、结构定型的组合词或短语。词汇搭配描述了经常一起出现的词与词之间的关系。如英语中 see、watch、look 意思相近，但各自有固定的搭配，比如"看电影"是 see a movie，"看电视"是 watch TV，"看图片"是 look at a picture。同样，我们可以说 heavy traffic, heavy smoker, heavy rain/ snow/ fog，但不可以说 heavy accident 或 heavy wind。

实践证明，教授词汇搭配要比教授单个词汇效果好，所有流畅、正确的语言使用都离不开搭配知识。

英语词汇具有很强的搭配能力，利用正确的词汇搭配，可以扩大词汇量以及掌握词汇的正确用法，从而完整地反映客观世界、表达主体思想，达到成功交际的目的。教师在教授词汇时，需引导和帮助学生正确地掌握词汇搭配的方法，以提高词汇教学质量。

（四）同义词

同义词指意义相同或相近的一组词，分为等义词和近义词两类。意义上完全相同的称等义词或完全同义词，这类词是比较少的，一般是给同一种物体或者同情况所起的不同名称罢了，如 taro 和 dasheen（芋头），milk sugar 和 lactose（乳糖）；意义上不完全相同的称为近义词或不完全同义词，如 large 与 big、huge 等。

（五）反义词

反义词指意义上相反或相对的一组词，如 rich 与 poor, love 与 hate。反义词在性质、状态、行为时间、地点、条件等诸多方面都存在相反或相对的矛盾统一关系。反义词的分类是基于语境的,一个词如果有很多词义的话,它可以有多个反义词。以 dull 为例,如果说 a dull lecture,说明这个讲座是枯燥乏味的,它的反义词可以是 interesting;如果说 she became dull and silent in the discussion,其意思是在讨论期间她变得安静、不活跃,此时它的反义词是 lively。

研究反义词对我们掌握词义是很重要的。我们通过寻找和判断某词的反义词,才会对该词的词义有比较准确而深刻的理解,才能深刻感受到语言的魅力。

英语词汇丰富多彩,富有表现力,选择恰到好处的同义词或反义词不仅能给语言增添色彩,而且会达到意想不到的效果,辨别与运用这些词汇在词义用法或修辞色彩上的异同,对于增强语感、提高英语的驾驭能力都有不可忽视的重要性。

(六)下义词

英语中有些词在意义性质特征类别等方面属于另一个表示较大的范畴的词,如 head、mouth、eyes、legs 都包含在 body part 之内,rose、tulip、peach blossom、carnation 都包括在 flower 之内,因此这些词就叫作下义词,body part 和 flower 则叫作上义词。head、rose 等特指词项与 body part 和 flower 等泛指词项之间的关系,叫作下义关系(hyponymy)。再举些例子:fruit(水果)的下义词有 apple(苹果)、pear(梨)、banana(香蕉)等;animal(动物)的下义词有 dog(狗)、cat(猫)、rabbit(兔子)等。

在不同的时候,分别使用上义词来概括和用下义词来具体说明,可以使表达更加符合情景的需要。例如:

Trees surround the water near our summer place.

Old elms surround the lake near our summer cabin.

通过比较这两句话,可以看出使用下义词可以使内容更加生动形象。当然,有时候使用上义词则更具有概括性。

理解下义关系对语言学习是很有用处的,通过上义词及其下义词来归纳、整理学过和没有学过的词汇,可以收到触类旁通的效果,是扩大词汇量的一种有效的方法。

(七)接受性词汇和表达性词汇

从学习和使用词语的角度看,词汇可分为接受性词汇和表达性词汇。接受性词汇又叫消极词汇,指能够听懂或看懂但无法流利地说或写的词汇;表达性词汇又叫积极词汇,指在英语实际使用过程中能够运用的词汇;这类词汇不但能够听懂、看懂,而且想说就能说出来,想写就能就写出来。积极词汇和消极词汇之间是可以相互转化的。当一个消极词汇接触次数很多时,就会转变成为积极词汇,相反,如果一个积极词汇长期不接触,慢慢可能会转化成消极词汇。因此作为教师,要采取多种方式引导学生在说和写中积极主动地使用表达性(积极)词汇。

第二节 词汇教学的策略

一、呈现词汇的方法

不同的教师呈现词汇的方法各不相同,教师应根据词汇特点以及学生的年龄和水平,在具体教学过程中选择合适的呈现词汇的方法。下面介绍几种比较有效的词汇呈现策略。

(一)用实物、图片、录像片段等生动形象的直观事物呈现词汇

教师在教文具类单词 pen、book、pencil、eraser 或水果类单词 apple、banana 等的时候,可以把实物一一呈现在学生面前,让他们边看边说,眼睛看到实物后就有助于记忆。图片的使用可以让学生对一些难以想象的东西进行直观理解,以达到语言交流的效果。比如在教学动物类单词时,教师可以先把图片贴在黑板上,再在旁边写上相应的单词,这样,学生的注意力就大大提高了,学起来也比较轻松。此外,随着现代教育技术的发展,录像、投影、课件等多媒体设备的使用给学生提供了视觉新感受,且可以帮助他们形成良好的语音、语调,课件的使用可将画面由静变动,加深学生对语言的理解和情景的把握。总之,这些形象化的事物很能激发学生的兴趣,使他们的注意力高度集中在单词上,同时也便于他们理解词义,从而提高学习效率。

(二)用肢体语言和表情"呈现"词汇

教师可通过动作、表情、声音等"呈现"单词,表达单词的意思,如 go、come、run、small、large、cry、smile、laugh、sneeze 等。教师的一举一动都能轻易地吸引学生的注意力,而形象幽默的肢体语言和丰富直观的面部表情可以使枯燥的词汇教学事半功倍。学生开始时会通过模仿老师的动作和读音学习单词,进而会自由发挥,然后用自己的方式向老师和同学表达单词的意思。比如在教 taste 和 tasty 这两个单词时,可以用粉笔盒作教具,做喝汤状,喝完后微笑,感叹:"Oh, I am tasting the soup. It's tasty!"学生大喜过望,纷纷用他们的铅笔盒仿效并练习这两句话,这两个单词很快就被记住并学会运用。当然,老师在运用肢体语言时要特别注意尺度,太拘谨表达不出意思,太过夸张则会弄巧成拙,这都达不到教学的效果。总的来说,肢体语言呈现法是个很有趣且很有效的教学方法,可以广泛地应用于英语教学当中。

(三)在语境中呈现词汇

所谓语境指的是上下文,即词、短语、语句或章、篇及其前后关系。由于社会文化环境和地理环境的差异,不同文化历史背景的人所形成的思维方式各有不同,反映到语言中,同一词汇在不同的语境中就会有不同的意义。例如 water 一词,字面意思为"水",但在不同的语境下,"Water!"可以表示"我渴,能给我点水吗?"之类的请求还可以表示"当心,地上有水!"之类的提醒,也可以表示"洪水来啦!"之类的惊叹;white 可以表达"白色",也可以传达"纯洁""信任"等含义;fox 可以指"狐狸"这种动物,也可以表示"狡猾"。因此,通过上下文展示词汇非常重要。

教师可以提供一个语境,先让学生猜测词义,再提供正确的词义。看看学生通过上下文猜测词义的情况,最后给出正确的解释。显然,这种方式要比单纯地给出解释更行之有效。在具体语境中展现词汇,学生不仅可以准确理解该词的词义,也能明白该词的用法,进而能灵活运用该词。

(四)在情景中呈现词汇

词汇教学可以在具体的实际生活情景、模拟交际情景、直观教具情景,以及想象情景中进行。实践表明,在英语学习中,利用某种具体环境有助于人们记忆与此相关的某些内容,在具体情景中讲解单词,可以激发学生的兴趣,使他们容易记住所学的东西，而且还有助于学生把所学单词在交际中恰当地使用。这体现了英语教学的主要目的是培养学生运用英语进行交际的能力。

（五）用同义词或反义词来呈现词汇意义

英语中同义词有很多，如 pencil box/pencil case，cab/taxi，bike/bicycle，telephone/phone，等等。当然很多同义词也是相对的，比如 nice 在不同的上下文中，它的同义词可能是 pleasant、kind、fine。根据这个特点，我们不能孤立地看词的同义词，而应把它放在句子中来看是不是同义词。例如：The weather is nice today. 和 The weather is fine today. 这两个句子中，nice 和 fine 就是同义词，可以互相代替。在英语中反义词则随处可见，如 clean/dirty，wet/dry，first/last，go/come，put on/take off 等。学过 big 以后，当学到 small 时，可以指出 Small means not big. 这样学生就很容易掌握 small 的意思了。在日常的教与学的过程中，要经常按同义词或反义词来归类，同时要注意同义词和反义词在用法上的不同，如 much 和 many 都表示"多"的意思，little 和 few 都表示"少"的意思，但它们的词法特性不同。much 和 little 用来修饰不可数名词，many 和 few 则用来修饰可数名词，并不能互换使用。实践证明，利用同义词或反义词来呈现词汇意义能大大降低遗忘率。

（六）用上下义关系来呈现词汇

如在教上义词 vehicle 时，可以指出它的一些下义词，例如这个句子："Cars, buses, trains and bicycles vehicles" 这样，学生对词与词之间的关系就比较明确，对 vehicle 一词也能轻松掌握。在日常教学活动中，可以经常让学生进行词语归类，如 fruit、vegetable、furniture、clothes、animals、colors 等，这样有助于明确词汇间的意义关系并掌握词义。

（七）用构词法及常见的词缀呈现词汇

虽然英语词汇量庞大，但它本身却有其内在的规律可循，而掌握基本的构词法则有助于克服记忆单词的困难。第一，利用同根词扩大词汇量。如教过 use 后，经过构词分析，学生就可以推测出 useful, useless, user 的词义来。教师就可以说："Useful" comes from "use".It means "of use"."Useless" comes from "use", too. It means "of no use" or not useful." 第二，利用分析词缀的方法。如在教 retell

和 rewrite 时，学生已掌握了 tell、write，要向他们解释前缀 re 的含义是 again。在此基础上学生就能推测出 retell、rewrite 的意思来。教师就可以说"Retell" comes from "tell"."Retell" means "to tell again"。又如在学生已学过 China、Japan 的基础上，指出后缀 ese 的含义，学生就很容易推测出 Chinese、Japanese 的意思来。第三，利用分析合成词的方法。如在学生学过 wait 与 room 的基础上，就能很自然地推测出 waiting room、reading room 的含义来。合成法可以帮助学生掌握诸如 classmate、classroom、football、volleyball、baseball 等大量单词。第四，转化法也可以帮助学生扩大词汇的使用功能如 head、dirty、warm、cool 等名词、形容词均可以转化为动词使用。为此，在词汇教学中，教师要向学生传授构词法的基本知识。

（八）用解释与举例的方法呈现词汇

英语解释法是用简单的且学生们熟悉的词汇来解释新的单词，使学生利用自己原有的知识掌握新单词的听、说、读、写。如可以这样解释下列单词：① invite—ask someone to dinner or a party；② different—not the same；③ entrance—place where you go in。这样，用简单的英语解释单词，不但训练了学生的听力，而且旧的单词能得到反复重现，也使学生了解更多的词汇知识。此外，对那些意义抽象的词汇，教师除了解释还可以举例说明，这样学生能更轻松地掌握词汇的意思。

（九）利用词块呈现词汇

词块就是词与词的组合，是一个多词的单位，一般指出现频率较高，形式和意义较固定的大于单词的结构。其结构较固定，可以做公式化的反复练习。词块呈现是将词汇搭配、固定用法及词汇类别进行连接再一起输入给学生。词块小到一个词，大到一个句子，在结构和语义上具有整体性，掌握一个词块就可以掌握较多的单词。而且，词块具有较强的语用功能，以词块为单位进行语言学习，可以避免语境使用不当的错误。因此英语教学要加强词块教学，开发足够的词块资源，这样更有助于激活学生的语言表达能力。

（十）对易混淆词汇进行对比及常见错误分析

英语中有许多词形、词义相近的单词，教学过程中对这些易混淆的词汇进行对比有助于学生正确使用单词。如 form/from, advice/advise, hard/hardly, invent/invite, decide/divide, choose/choice 等许多单词常被学生混淆,及时加以对比及常见错误分析就可以帮助学生加深对它们之间差别的认识,避免用错写错单词。对常用的同义词或词组,如 divide/separate, tell/say/speak/talk, join/take part in 等应该及时帮助学生弄清楚它们之间的异同点,以便他们在实际运用中能正确使用。

以上是一些常见的呈现词汇的方法。需要指出的是,教师在实际教学过程中要灵活地综合运用各种方式,并为学生创造各种机会练习、运用词汇,从而使学生真正掌握词汇。

二、巩固词汇的方法

对很多学生而言,巩固词汇要比学习新词难得多,常听学生抱怨学过的单词总是记不住,他们不断地学却不断地忘。这一方面是由于学生单独记忆词汇,其有效性无法保证,另一方面是教材上的词汇练习少且单一。作为教师,就应引导学生通过各种途径复习、巩固、运用新学的词汇。下面介绍几种课堂上巩固词汇的方法。

利用构词法巩固词汇。英语词汇总量虽成千上万,但基本构词成分却是有限的。有的通过加前缀、后缀,构成派生词;有的通过单词的组合,构成合成词;有的通过读音的变化,成为新的词语;等等,这些构词法对于单词的记忆和学习很有帮助。学好了构词法,可以扩大词汇量,在很大程度上可以达到事半功倍的效果。如教师可给出一个词根"care",然后请学生找出由此派生出来的词汇。

用词造句巩固词汇。在造句之前,首先要弄清所学词汇的意义,研读教材和词典给出的例句,然后通过模仿例句,灵活而有规律地变化部分句子成分。记忆典型例句并辅以造句等实践训练,比单纯记忆孤立的单词好得多。通过造句,学生可以掌握词汇的词性及用法,这样更有助于记忆词汇,并灵活运用所学词汇进行表达交流。因此,造句是记忆积累和掌握单词非常有效的方法。

句子接龙或扩写句子。词汇教学中加入适当的游戏活动,有利于营造轻松和谐的课堂气氛,寓教于乐,达到巩固词汇学习的目的。进行句子接龙游戏,可以把所学单词复习一遍。扩写句子既可以进行词汇练习,也可以进行语法和句型练习。

加强作文练习巩固词汇教学。可以给出一个作文话题及相关词汇,要求学生运用这些词汇进行写作，这样，新学的词汇就能在运用中得以巩固。

总之，教师要根据学生的年龄特点和知识水平，灵活运用各种方法帮助学生巩固所学词汇，切实提高词汇教学的有效性。

三、培养学生的词汇学习策略

课堂的时间毕竟有限，学生还要在课外花很多时间学习词汇，因此，教师要培养学生的词汇学习策略，帮助学生在课外自主、有效地进行词汇学习。下面介绍几种词汇学习策略。

（一）定期复习

德国心理学家艾滨浩斯的实验证明，遗忘的规律是先快后慢，刚记住的材料，在最初几个小时内遗忘的速度最快。如果四至七天内不复现，记忆将受到阻碍，甚至完全消失。及时、定期的复习在词汇习得中起着举足轻重的作用，因为对单词每一次的复习都会促进单词的记忆。学生应该每隔一段时间就进行一次复习，而不是只进行一次长时间的复习；此外，学生要善于利用自己的词汇本和零散的时间，对自己不熟练的词汇随时、间隔地进行复习，从而保证单词的习得效果。

（二）根据语境猜词

通过语境猜词就是根据一个词所处的具体的语言环境，运用有关线索，如同义词、反义词、举例、定义等推测词义，也可以运用逻辑推理、生活经验、普通常识等推断词义。如 You shouldn't have blamed him for that, for it wasn't his fault. 通过关联词 for 引出的句子所表示的原因（那不是他的错），可猜出 blame 的词义是"责备"。在阅读过程中难免碰到生词，这时教师要鼓励学生并培养学生通过语境猜测词义的意识，而不是一碰到生词就查词典。根据语境猜出来的单词会记得更牢，这是因为学生在猜测过程中要付出认知努力，这样就会形成明显的记忆痕，进而强化词汇的记忆和保存。

（三）有效地组织词汇

英语词汇量大，教师要引导学生将所学词汇按照规律有效地存储起来。比如，学生可以准备一本词汇本，按照不同的类别或话题组织词汇，而不是把所有单词都记录下来或简单地按照字母顺序记录。这种以特定方式制作的个性化词汇本更有助于词汇的巩固。

(四)使用词典

对外语学习者来说,词典是必备工具。合理、正确地使用词典有助于学生独立自主地开展学习。一般说来,初学者宜使用英汉词典,因为它可以利用母语帮助学生迅速获得词义;而有一定基础的学习者,可以使用双语或英英词典,因为它能将词义解释得更准确,并有助于学生流利地运用语言。另外,在什么时候要查阅词典呢?教师要鼓励学生在碰到生词时先通过上下文猜测词义,当无法猜出而影响理解或基本猜出但为透彻弄清其发音、词义、用法的时候,就要使用词典。使用词典时首先是浏览该词的各种含义,然后运用自己的判断力选择更适合本文具体应用环境的那个含义。如果可能并必要的话,应先了解该词的词源,参考一下该词的原始含义和基本含义,这有助于理解该词的基本词义和各种引申意义,还可以拓宽知识面,从语言的侧面接触外国政治经济、文化、风俗民情,以了解有关该词的其他信息,例如含有这个词的短语用法注释、同义词、反义词等,这些也有助于使学生对该词有一个更全面的感觉和把握。

(五)掌握适合自己的学习方法

词汇学习方法有很多,但并不是每种方法对每个学生都适用。学生在尝试教师介绍的多种学习方法后,要找到对自己而言最有效的方法。同时,教师要引导学生不断地对自己的词汇学习策略进行自我评价,若发现某些方法无效则应放弃,然后再尝试其他方法。此外,要经常组织学生进行学习经验交流,以便取长补短、共同进步。

总之,英语词汇的教与学都有一定的方法可循。作为教师,要引导学生确立正确的学习目标和不断克服困难的过程的信心,并尽可能设置多种教学活动,帮助学生掌握记忆单词的有效方法,使其在战胜困难中提升能力、毅力和动力。这个过程正是开发智力、塑造性格、培养意志的过程。学生在教师的正确引导下,从有兴趣而学到克服困难自觉学习,正是自主学习内驱力的深化过程,也是学生人格不断完善的过程。

第三节 对语法教学的理解

一、语法学习的必要性及其作用

学习语法的目的是"促进理解、监控输出"。所谓促进理解,是指学习者运用所学语法知识解决阅读过程中的某些疑难问题。当学习者在阅读中遇到难以理解的复杂句子时,往往分析句子结构、句子各部分的作用及其相互关系,以达到理解的目的。再比如学生感到比较困难的虚拟语气的理解,也需要相应的语法知识。语法的第二个作用是监控输出。这里的输出包括口头和书面表达。虽然作为外语学习者来说,出现错误是难免的,特别是在口语输出中,但是意识不到错误或忽视错误都不利于整体语言水平的进一步提高。根据 P.Balcom 的观点,语法教学至少在三个方面对外语教学起作用:①使输入更易理解,即使学习者接触的语言系统化;②使学习者更易于把接收的语言信息分析成可以理解的语言单位;③肯定或否定学习者对目标语所做的无意识的假设。

第二语言学习研究者、实践者都认为语法能力是交流的必要条件。大多数交际教学大纲对语法教学的重视程度不够,导致学生在语言使用的准确性方面要差于用语言形式教学法教学的学生。而且许多研究都证明了教学对语法学习的积极作用。王蔷教授在他的著作中引用了 Hinkel 和 Fotos 的论点:语法教学可以加强学习者的语言熟练程度和准确性,并且促进整个句法系统的内化。其他一些研究还表明,接受过语法教学的学生相较没有接受过语法教学的学生来说,会学得更快,取得的成就更高。

二、语法学习观

理解了语法学习的作用以后,我们就会知道语法的掌握并不是外语学习的最终目的,而是达到目的的有效手段。外语学习的最终目的不是简单地记住一些语言规则,而是将语言的形式与其意义、交际功能有机地结合起来,再通过实际的语言运用去内化语言规则,从而达到准确运用语言来进行有效交际的目的。

程晓堂认为，第一，学习语法要在理解的基础上去学习。语法并不需要死记硬背那些毫无意义的条条框框，比如现在分词和动名词在句子中的不同成分，很多初学者就是死记硬背：分词可以作定语、状语、表语；动名词可以作定语、主语、宾语、表语。其实，分词就相当于形容词，形容词能充当的成分，分词基本都能充当；动名词就相当于名词，名词能充当的成分，动名词基本也都能充当。这样也就很容易理解为什么动名词能充当主语和宾语，而分词则不能。第二，要积极主动地归纳、总结语法规则。英语学习者要善于从具体的语言现象中归纳、总结出语法规则，以字母 o 结尾的名词的复数规则就是一个很好的例子。我们知道以字母 o 结尾的名词复数规则是有些加 s，有些加 es。而哪些加 s、哪些加 es 似乎又需要死记硬背了。其实，仔细观察后，我们可以得到以下规律：多数单词加 es，比如 heroes、tomatoes、potatoes、tornadoes、volcanoes、torpedoes 等；少数单词加 s，而且加 s 的词多为较长单词的缩写，比如 photographs——photos, kilograms——kilos, hippopotamus——hippos, 等等。而 radio 这个词本身就是几个单词的缩写，所以其复数也是加 s。如果学习英语的时候能够善于去观察语言现象、总结语法规则，我们就可以大大减轻死记硬背的负担。第三，要善于从错误中学习。在外语学习和外语使用中，犯错误是难免的。我们不应该因为怕犯错误，而失去一些学习语言的机会。外语的学习恰恰是在尝试—出错—改错这样一种循环中不断得到进步和改善的。当然，我们也不能完全不顾语法，即使在口语交际中，适度地监控语法的正确性和准确性也有利于提高口语能力。第四，不要被语法术语困扰。程晓堂在《英语学习策略》中提到，语法可以分为理论语法、参考语法和教学语法。理论语法和参考语法都是研究语法的语言学家去专业研究的，它们的术语归纳的层次较高。教学语法是实用语法，也就是为其他语言知识和语言技能的学习和使用而服务的语法知识。第五，注意语法在交际中的使用。根据新课程标准的教学理念，语法教学需要在具体的语境下进行：教师通过创设良好的语言环境和提供大量的语言实践机会，从而使学生通过体验感知特定的语法规则如何使用。学生在实践、合作、交流中学习语言，形成语感。

第四节　语法教学的策略

一、三个环节语法教学

本节结合课堂教学过程中的三个主要环节——呈现、讲解、练习，分别介绍一些常用的语法教学的方法。这三个环节又分别对应于语法的感知阶段、理解阶段和应用阶段。

（一）呈现

在呈现阶段，教师引出要学习的语法项目有三种方法，分别是"通过对话创设情境""动作演示法"和"利用简笔画"。

（二）讲解

下面有三种方法可以用于讲解阶段，它们是归纳法、演绎法，以及归纳法与演绎法相结合的方法。下面我们对其进行逐一介绍。

1. 归纳法

归纳法，简而言之，就是通过具体的现象总结出本质和规则。从语法教学的角度看，归纳法就是先让学生接触具体的语言现象，然后在此基础上总结出语法规则。采用归纳法教授语法，一般采取三个步骤：观察—分析和比较—归纳或概括。

2. 演绎法

演绎法，简而言之，就是先理解规则，再举例验证规则。从语法教学的角度看，就是先让学生接触和理解语法规则，然后再举例来验证语法规则。采用演绎法讲解语法主要包括三个步骤：提出语法规则—举例—解释语法规则。

3. 归纳法与演绎法相结合

在语法教学中，常常可以把归纳法和演绎法结合使用，先归纳后演绎，或者先演绎后归纳。

（三）练习

语法教学的最终目的还是提高学生的语言运用能力，所以对教师来说，如果能有效地设计语法练习这个环节，组织学生进行有效的语言操练，无疑对学生语言能力的发展具有至关重要的作用。操练可分为下列三种类型。

1. 机械操练在这种练习中，学生的反应完全受到控制，而且学生不用理解意思就可以做出正确反应，如模仿、替换、重复等。这类练习的主要目的是熟悉、记住语言形式或结构。

2. 有意义操练：指学生的反应仍有一定的控制，但学生必须理解意思才能做出正确的反应，如造句、改写句子、翻译句子等。这类练习的目的是理解语言形式或结构。

3. 交际性操练：指学生根据自己所知而后做出反应，但反应形式仍受控制。然而，这种操练的控制程度比有意义操练更低，因此，它更接近人们的实际生活，更有利于培养学生的语言运用能力。这类练习的目的是灵活运用语言形式或结构。

二、语法翻译法

语法翻译法最早出现于18世纪晚期的欧洲，距今已有三百多年的历史。早期的语法翻译法过分重视语言知识的传授，忽视语言技能的培养，夸大语法和母语在外语学习中的作用，教学过程比较机械，脱离语言环境。因此，从19世纪末至今，语法翻译法一直遭到批判和否定。而在我们全面推行课程改革的今天，语法翻译法仿佛就是落后、守旧的代表和化身。然而，研究表明，教学方法效果的好坏并不在方法本身，而在教师是否善用。现今的英语教学受直接法的影响，强调让学生"用英语思维"，尽量减少母语对英语的影响。然而，"用英语思维"对绝大多数中国的英语学习者来说，只能是一个长期学习外语的结果，而在学习的过程中是很难做到的。完全不受母语的影响，不管从理论上思考，还是从实践上观察，都是不可能的事情。从某种意义上说，翻译法体现了外语学习的本质，外语学习是在母语环境中和母语教师指导下进行的学习。它的主旨在于通过目的语和母语之间语言形式的转换，达到两种语言之间信息交流的目的。因此，在一定条件下，教师在教学过程中借助学习者的母语来讲解词汇及语法规则，可以避免在直接法、交际法中可能会出现的学习者对语言知识的一知半解。教师通过分析、展现各种语法现象可以帮助学生建构系统的语法框架，使学生更清晰、更高效地认识语言的系统性。

三、简图呈现法

语法作为语言使用的规则，本身具有一定的抽象性。因此，有些语法项目很难用语言清晰地表达出来以使学生理解。在这种情况下，我们可以使用简图画片、表演等手段使其形象化。我们知道，对时间状语从句中连词的理解和选择是基于我们对主句和从句中两个动作的时间关系的判断，如果教师只是简单地用语言去描述while、when、as三者之间的区别，学生会难以理解。比如，as和when引导的从句既可表示某一刻时间，也可表示某一段时间，从句中的谓语动词既可以是短暂性动词，也可以是持续性动词。while引导的从句通常表示一段时间，从句中宜用持续性动词作谓语。如果从句和主句都表示一个人的两个动作交替进行或同时完成时，则应用as，可译为"一边……一边……"。在这番描述中，教师就必须用到很多术语。由于学生之间的语言理解能力以及想象力都是有个体差异的，随着教师的讲解，每个学生头脑中呈现的画面不统一，给时间状语从句的教学就会造成一定的困难。如果教师设计出两个动作的对比画面，让学生"看"到一个统一的情景，并且配上思路的简图，学生就会很容易理解while、when和as的不同及相同之处了。

四、活动式呈现法

在活动式呈现法中，教师可安排适当的活动，让学生通过活动的方式来感受和体验特定的语法知识。在运用活动式呈现法时，教师需要预测到学生可能会遇到的困难，并且在初始阶段做出相应的示范。

五、故事法

如何运用故事法在语境中进行有意义的语法教学？故事法即让学生通过有完整意义的语言素材（故事、诗歌与听力材料等），在阅读与听力理解的过程中逐步自觉地意识到某一语法结构规则，然后，师生共同建构这一特定的语言形式及其意义，最后，学生进行多种形式的交际和合作活动再造故事情节，教师则通过活动来检验学生对该语法现象的掌握程度。

（一）呈现

教师首先要呈现一个突出某一语法现象的故事、歌曲或听力材料等，甚至可以是对真实生活的展示或设计一个真实的任务，如做运动、实验等。

（二）拓展

拓展活动提供给学生实践的机会，让他们可以通过创造性的方式使用新学的语言结构。活动形式可以包括角色扮演、游戏写作、面试与调查等模拟真实生活情景的活动。

就我们的案例来说，教师可以要求学生根据自身经历编造一个故事，并且写下来。教师应该要求学生尽可能多地使用在前面阶段所学的语言结构。如果时间允许，可以让学生以小组合作的方式，编造一个更加完整的故事，然后向其他同学呈现他们的故事。

通过这样一系列的活动，学生就会比较轻松地学到这一语言结构，并体会到在与同伴合作中使用语言的乐趣，学生的综合能力也会得到提高。

六、交互式语法教学法

新课程标准强调语言交际能力，而交互式语法教学的理念符合课程标准的要求。交互式教学理论认为学习是一个认知交互的过程，并强调个体与所知环境之间的交互作用。交互式教学为学习者提供认识、体验、实践目的语的机会、环境和条件，提倡合作学习、探索学习和体验学习等学习方式，其主要的实践性原则就是互动性。三种交互活动形式，即师生之间的交互活动、学生之间的交互活动和人机之间的交互活动。人机之间的交互活动指在语法教学的过程中，我们可以借助多媒体教室和网络通信技术的交互功能，建立师生合作和生生合作的机制来进行教学设计，为英语语法教学提供更广阔的空间。下面我们简述师生之间的交互活动和学生之间的交互活动。

（一）师生之间的交互活动

师生之间的交互活动指教师和学生利用目的语进行有意义的交际活动，不仅交流信息，而且交流情感。教师不再是传统意义上知识的掌握者和输出者，而是帮助学生有效学习的促进者。

（二）学生之间的交互活动

在安排学生之间的交互活动时，教师应该根据一定的语法知识，创建一种真实且自由宽松的环境，引导和组织学生运用所学的语法知识和人情、人境进行交互的活动。

第五章　高校英语教学中的语言实务教学

第一节　高校英语阅读教学

一、阅读教学的理论基础

《大学英语教学大纲》明确规定："大学英语的教学目的是培养学生具有较强的阅读能力，一定的听和译的能力和初步的写和说的能力，能以英语为工具，获取专业所需的信息。"同时还规定："不仅要重视句子水平的语言训练，还要逐步发展在语篇水平上进行交际的能力。"这就要求英语教学不能仅仅停留在对词汇、句子理解的水平上，而是要开展深层次理解教学——语篇教学。

（一）语篇教学法的原则

语篇教学法属于功能意念的教学范畴，它的指导理论是语言学中语义宏观结构和语用宏观结构理论。根据语义宏观结构理论，教师在教学中首先要将注意力集中在引导学生抓住作者的主题思想和中心思想，然后进行讲解并分析词、短语和句子的意义及其用法。而根据语用宏观结构理论，运用语用分析进行教学有助于提高语言技巧训练的效率，克服孤立地讲解语言形式的弊端，能使学生有效得体地使用语言，并确保语言表达的准确性。

语篇教学法就是从语篇分析入手，把课文作为一个整体，要求学生不要停留在词句的水平上，而是从文章的层次结构以及内容上入手，可帮助学生大量地获取和掌握文章所传递的信息，同时逐步培养学生的语言交际能力，即通过分析一段话或文章，以及说话的场合和文章的上下文来描述这段话或文章的语言结构、文化特征、交际方式及语境特征。因此这种教学方法可以把分析语篇、打好语言基础、培养交际能力有机地结合起来。

（二）语篇教学的方法

1. 整体阅读

即对语篇的宏观导入，进行表层理解。从宏观的角度出发，指导学生理解作者的观点意图，使学生具有通览全篇的能力，其注意力主要在"篇"而不在"句"，在文章的"意"而不在文章的"语法点"。教师可以提前把任务布置给学生，先让他们预习，然后充分利用课堂时间进行讨论，让学生自己发现问题、提出问题、解决问题。教师把学生带有共性的问题提出来，以语篇为单位，立足于篇章整体，点出中心思想和段落大意，教会学生识别主题句，掌握文章的基本内容和中心思想，摸清作者的思维脉络以及词和句子的衔接手段等，并穿插相关社会文化知识，使学生不至于因为缺乏某方面知识而产生语言理解的错误。

2. 分段阅读

即对语篇的深层剖析。在语篇教学中，教师可以根据不同的体裁，把握重点，进行语篇分析。对于记叙文，首先让学生找出课文中出现的人名、地名和时间顺序，然后找出与它们有关的信息，即找出课文中的5个"W"（Who，When，What，Where，Why），并分析其之间的关系。对于科普文章，应当引导学生在获取信息的同时，注意长句、难句以及文章的段落结构；对于论述文，要让学生区分文章的主要观点，找出论据，研究论证，按照论点、论据和论证的递进关系进行分析，并提出自己的见解。不同题材的文章有不同的侧重点，既可以从思想内容上分析，也可以从写作和修辞上让学生体会，有的则可跳出课文的框架，从世界观上深入探讨，对作者的语气、修辞和语言风格等方面加以研究，使阅读提高到一个更高的层次，进行欣赏和评价。

3. 细节分析

语篇教学法并不是将一篇文章笼统地介绍给学生，而应从微观的角度出发，培养学生学会围绕语篇有目的地识别信息，包括识别关键词，掌握篇章联结的基本手段。如语法手段、词汇衔接、语用与语义上的意义等，并注意作者布局语篇的特点和遣词造句的手法，所以语篇教学并不排除必要的语法内容讲授。但是与传统的语法教学法相比，它更注重篇章结构和中心问题，而不仅仅是零散的词汇和句子的学习。

4. 启发式教学

在进行语篇教学时，教师要有意识地设置一些障碍，启发学生思维，激发其求知欲望，促使他们动脑筋、善思考，培养他们独立探索，解决问题、熟练运用外语的能力。

（三）语篇教学法的利弊

1. 语篇教学法的优点

有利于培养和激发学生的创造性思维。由于这种教学法强调以学生为中心，在学习语言的过程中，学生必须参与分析、推理、归纳等认识过程，它不仅要求学生不断参与各种课堂活动，而且必须时刻保持高度的注意力，从而开动脑筋，激发思维。

有利于培养学生运用语言进行交际的能力。因为这种教学法在使学生提高语言水平的同时，还能使其具备完整信息的能力和语言交际能力，使他们的语言能力可以自然发展到语篇水平的交际能力。

有利于培养学生形成良好的阅读习惯，提高他们分析问题和解决问题的能力。语篇教学法强调学生的课前预习，要求学生课前通读全文，熟悉内容，提前找出自己不理解的句子，以便在课堂上与教师和同学共同磋商，以求正确地理解，这样学生就由被动地听变为主动地学了。长期坚持下去，学生分析问题和解决问题的能力必然会提高。

有利于激发学生学习的积极性，逐步形成以学生为中心的课堂教学。教师提出一些启发性的问题让学生思考，鼓励学生积极参与到语篇分析的教学活动中，以打破外语课枯燥乏味、死气沉沉的课堂气氛，形成以学生为主体、教师为主导的生动活泼的教学场面，从而提高学生学习的积极性。

此外，它还能融洽师生关系，使学生在和谐自然的语言环境中进行交际活动。

2. 语篇教学法的弊端

刚入学的新生可能会不太适应。采用语篇教学法，语言知识的转化与获取是以很快的速度进行的，这对刚入学的新生是一种挑战，因为他们基本的听说能力并不很强，面对新的教学法、教材和教师，他们往往会产生一种恐惧感。

对一部分学生产生学习压力。由于这种课堂教学为学生提供了大量的语言活动机会，学生的语言能力不断地亮相从而暴露出许多问题，那些内向、爱面子的学生会可能产生紧张感，若教师不因势利导，正确引导他们处理各种问题，势必会影响他们学习的兴趣。

可见，语篇教学法有利有弊，但由以上可得知利大于弊，由于语篇教学法集中了传统教学法和交际教学法的长处，能帮助学生从宏观和微观两方面更全面、深入地理解篇章，使其既见"树"又见"林"，使认识产生飞跃，最终达到适当、得体地交际的目的，难怪有人把语篇教学法称为一场新的教学革命。

二、语篇阅读教学模式

篇章阅读研究最早开始于英国心理学家 Bartlett 采用实验心理学方法对篇章阅读与记忆的研究。在此之后大约 40 年间，虽然也有零星的阅读研究严格遵循这种实验心理学传统，但更多的阅读研究都是教育心理学家为课堂教学的应用而开展的，他们研究的主要目标并不是对篇章理解实质的探索，研究者也缺乏一个清晰的理论模型来支持研究和指明方向。直到德国学者 Weirich 首次提出篇章语言学的概念，颠覆了过去语言学研究把句子作为语言中最大单位的做法，他认为篇章才是语言分析的起点和归宿，从而开启了篇章这一新的研究层面。通过对语篇理解的过程进行大量研究并提出了各种语篇理解的模式，Bartlett 把这些模式分为三种类型："自下而上"模式、"自上而下"模式和交互作用模式。

（一）"自下而上"模式

"自下而上"模式是指一种传统的阅读理解模式。它起源于 19 世纪中期，采用信息加工的理论来阐述阅读的过程，是一种文本驱动型的模式，即从看到的书写文字符号到理解文字意义的整个过程，从低级的小单位字母加工发展到高级的词、句乃至语义的过程。该模式认为，阅读是从字词的解码开始直到获取文本的意义，即阅读过程是一个从左向右对字母、词、句子、语篇的有组织的、有层次性的、自下而上的理解过程。根据这个模式，想要理解一个语篇，读者首先必须具备一些低级或简单的语言知识，因为理解一个语篇必须依赖对构成该语篇的句子的理解或对句子进行加工，而对句子的理解又依赖于对词的理解，对词的理解又离不开对字母的识别。由此可见，"自下而上"模式强调的是语篇本身的作用，阅读过程中遇到的问题就是语言问题，学生理解失败的原因主要是缺乏语言知识，如不熟悉某些单词或句子结构等语言障碍。

"自下而上"模式虽然说明了信息加工中的线性模式对阅读研究的影响,但没能说明阅读过程中各种信息之间的相互作用,只是局限在字、词、句这样的线性理解层面,从而忽视了读者可能会从语篇以外的其他地方(如读者已有的知识中)提取有关信息并对它进行加工这一情况。虽然语篇是以层次结构的形式把信息呈现给读者的,但读者可以直接在任何水平上提取并对部分知识进行加工,以补充或者预测来自文章的信息流。读者阅读语篇中的字、词、句并不等于孤立地对这些成分进行加工。字母在词中出现要比单独出现更容易被察觉,词在有意义的句子或故事中出现要比单独出现时更容易识别,不管句法如何复杂,深层语义关系贯通一致的句子要比语义关系混乱的句子更容易整合。显然,"自下而上"的阅读理解模式不能说明这些现象,也不能解释整个阅读过程。它把低层次过程与高层次过程截然分开,并没有意识到读者在阅读过程中可能带进高层次知识的作用。

(二)"自上而下"模式

"自上而下"模式是在 20 世纪 60 年代后期,在认知心理学的影响下发展起来的阅读理论。美国心理语言学家 K.S.Gooeman 提出"阅读是一个选择过程,它基于阅读者的期盼,部分地利用从视觉输入中选择出来的可得到的最小量的语言线索。当这部分信息得以处理,随着阅读的进展,暂时得出的决定须经受证实、修正或淘汰。简而言之,阅读是一个心理语言方面的猜谜游戏"。他认为读者可以利用已有的句法和语义知识来减少他们对语篇中书面符号与语音符号的依赖,并具体划分出阅读的四个过程:预测、抽样、验证和修正。首先,读者预测语篇中的语法结构,运用他们的语言知识和语义概念,从语篇结构中获取意义,因此,语篇必须含有意义并且是用功能健全的语义表达。而后,读者从书面符号中抽样以证实他们试探性的预测。Goodman 认为读者在阅读时不断地从三种可利用的信息中抽样:字形读音、语法和语义。字形读音信息取自书面符号,语法和语义信息则要靠读者的语言能力。在抽样的过程中,读者不必看清每一个字母与单词,除非他处理的单词、语义与语法线索和他做出的预测相吻合,否则他会视而不见。换而言之,读者只选择读物中能证实他的预测的线索。读者的句法、语义知识层次越高,他们抽样的选择性便越强。抽样后如果预测的意义被证实,读者将对随之而来的内容进行新的猜测,如果他提取的样品不产生意义,或者预测的书写符号输入没有出现，那么则需要从读物中提取更多的信息，以修正自己错误的预测。

阅读过程实际是读者的先前知识与阅读材料交互作用的过程。因此，"自上而下"的阅读教学模式主张在阅读教学中重视背景知识的导入，教师要帮助学生学会运用已有的知识（事实和社会文化方面的知识、有关阅读材料话题的知识、文章结构组织的知识、情景上下文的知识等）对文章的下文进行预测，包括阅读检验自己的预测、修订自己的预测、进行新的预测等。多数人认为，英语的阅读理解过程是先单词再句子，最后归纳中心。所以，他们认为英语词汇＝英语阅读能力，并且将阅读能力不够好归咎于词汇和语法没有掌握。当然，没有一定的词汇量是没法进行阅读的，可事实往往是，词汇量差不多的学生，其阅读能力并不一定好，那么，是什么限制了学生的阅读能力呢？是对阅读过程的错误理解。其实，在母语的阅读中，我们理解一篇文本时并不是简单地将各个词的意义相加然后得出全文的意思，相反，我们并没有特别关注文本到底用了哪些词、哪些句式，但是我们却很准确地把握了文本。这种关注文章中心、关注文章整体的阅读模式就是自上而下的阅读模式。

"自上而下"模式有很多不同的变化，总体而言，其特点可归纳为以下几点：（1）认为阅读是一种主动在读物中寻找意义的思考过程；（2）强调读者已掌握的知识与技能在理解中的作用；（3）认为阅读是有目的性与选择性的，读者只专注于实现自身目的而必不可少的方面；（4）认为阅读有预见性，已掌握知识与对理解的期望以及阅读目的之间相互作用，使读者能预见读物的内容。

（三）交互作用模式

一般认为，课堂教学的阅读教学过程分为三个阶段，即读前（pre-reading）、读中（while-reading）和读后（post-reading）阶段。交互作用模式可适用于这三个阶段。

1. 读前的运用

读前是阅读的准备阶段。读前准备的主要任务是明确阅读目的和布置任务。主要活动是导入或引出话题，激发学生的阅读兴趣，优化阅读心理，介绍相关话题的背景知识，激活相关图式，扫清阅读理解上的文化障碍，呈现和学习相关的词句，扫清阅读语言障碍，然后根据题目预测主题或相关内容，使阅读理解成为印证性阅读。由此可见，在交互性作用背景下的读前活动可通过激发背景知识、谙熟阅读论题、预测阅读内容三种形式得以实现。

2. 谙熟阅读论题

外语教材的阅读文本都具有论题，学生对论题的把握程度是对文章理解的关键因素。论题一般涵盖两方面的内容：一是具有语言学分析意义的论题，二是具有背景知识意义分析的论题。在教学中，教师引导学生采用交互作用模式对谙熟阅读论题很有裨益，一方面，可采用"自下而上"模式分析论题中出现的单词、短语或者句子所隐含的语言学上的意义；另一方面，可充分利用学生已有的且与课文相关的知识，以讨论话题的形式激活他们头脑中的图示结构，即大脑中储存的背景知识，引导他们根据文章论题进行讨论并预测文本的内容。

3. 预测阅读内容

预测是一种推理性的认知技能。在具体的阅读过程中，预测是指学生根据对文章提供的各种线索（包括文字的和非文字的）的查看和选择，并结合自己已有的认知结构和经验，对文章的叙事、人物关系、逻辑顺序、因果关系等内容进行预先推断。根据语言学的有关研究，阅读理解有两种图式，即语言学图式和知识图式。语言学图式是指根据阅读材料中呈现的单词、短语或句子等语言学意义上的知识对阅读材料进行预测和推理；知识图式是指用背景知识去理解文本所传递的信息，也就是用学生已掌握的知识去理解、消化、吸收文章的信息。因此，要读懂一篇文章，掌握文章的中心思想，并能利用文章提供的信息来进行判断、推理，除了要有一定的语言知识，还要对文本内容相关的背景知识进行预测。

4. 读中的运用

读中是阅读活动的展开阶段。其主要任务是阅读理解课文并在阅读过程中训练学生的阅读策略和阅读技巧；其主要教学活动有略读了解课文大意，寻找捕捉具体信息，按时间排序，回答事实性问题和推理性问题，并根据上下文推测词义，推测作者的深层寓意，识别文章体裁，概括段落大意，分析课文结构特征和写作特点等。具体的方法包括略读、浏览，以及根据所读内容或所见图画、标图等，完成连线、填表、排序、补全信息等任务，为课文选择或添加标题，根据所读内容制作图表，判断信息真伪，等等。如上所述，学生预测的基础是其头脑中关于语言使用和语言结构的知识、文章话题的知识和一般世界的知识，而不是印刷符号。所以在外语阅读时，激活相关图式（即语言图式和内容图式）就可能较好地理解文章或语句的意义。因此，在外语阅读教学中，教师的首要任务就是让学生建立丰富的语言图式和内容图式。建立丰富的语言图式就是要努力提高识别词语、短语和句子意义的能力，从而提高对不同体裁文章的识别能力，即教师采用"自下而上"模式。如英语中有许多特殊的句式（主动句、被动句、真实条件句、虚拟语气句、省略句、倒装句等），而对这些句子的理解直接关系到对语篇的理解。如果学生头脑中有丰富的语言图式，其阅读的速度和理解的程度会得到大幅提升。除了激发学生的语言图式，教师更重要的任务是激发学生的内容图式，而内容图式的激发和参与则需要采用"自上而下"的阅读教学模式。

5. 读后的运用

读后是阅读内容的拓展阶段。其主要任务是根据所读内容开展一些评价或应用性活动，以口头和笔头巩固阅读成果。如复述大意、讨论、角色扮演或换角色讲故事，介绍自己类似的经历，缩写、改写、仿写、续写等；转述所读内容，根据所读内容进行角色扮演，讨论、改写、续尾、撰写摘要等，如上所述，无论是"自下而上"还是"自上而下"模式，都是单向性的信息传递。事实上，在阅读过程中，词汇、句法、语义知识以及背景知识都在发挥作用，并制约着学生对阅读文本的理解。交互作用模式认为，阅读过程实际上是一个多种语言知识（包括文字、词汇、句法和语义等知识）的复杂的交互作用过程，任何单一的语言知识都不能促成对阅读材料的真正理解。例如，复述大意是学生在深入了解课文内容的基础上利用自己的语言将文章大意重述一遍，复述时可按照时间顺序、事件发展顺序等进行。复述活动既加深了学生对课文的理解，也锻炼了学生的口语能力。当然，复述也是建立在学生对课文单词、句子、段落的理解，以及过去的知识和经验与文本知识的链接的基础上的。而讨论和角色扮演或者换角色讲故事活动，既可以培养学生外语的口头表达能力，又能够培养学生的思辨能力、逻辑思维能力和发散思维能力，这也是交互作用模式的具体体现。缩写和改写则是学生在充分理解课文的基础上，利用课文中出现的关键词或主题句对全文进行概述或转述，既培养了学生的概括能力，又培养了学生单词、段落和语篇写作能力以及词汇、句子和语篇的组织能力，也体现了交互作用模式的功效。而仿写和续写是根据课文内容改变人称、地点、人物或事件，套用课文学过的词汇、句子和句法结构以及根据课文事件发生的逻辑顺序、事件发展顺序，发挥学生的想象力完成该文章的后续部分。由此可见，该项活动仅仅依靠单向信息传递和处理方式是不能完成的，必须将词汇、句子和段落等语言传递和处理能力与学生自身的知识和经验提取能力有效结合，才能开展好读后阶段的教学活动。

外语阅读既是一种语言活动，更是一种思维活动。交互作用的阅读模式就是让学生在外语阅读过程中把语言符号通过心理认知转换成思维符号的过程。实质上，外语阅读理解也是一个信息之间相互交互、积极动态的过程。而交互作用模式在外语阅读教学中比较关注学生个体和群体的心理因素，重视课堂教学中师生的互动作用，同时注重开发和培育学生的语言潜能，因此为学生积极参与课堂活动提供了有力的保障。

三、外语阅读和母语阅读的差异

不同的读者对同一篇阅读材料所要表达的信息可能有不同的理解。这些差异的产生与读者的家庭背景、居住环境、文化环境有关，也与读者的动机、天资和其他性格因素有关。Aebersold 和 Field 研究认为影响第二语言或外语学习的因素还包括学习者的认知发展水平（学习者开始语言学习的年龄）、学习方式（场依赖型还是场独立型）、第一语言的阅读水平、第一语言的元认知知识水平、第二语言或外语的熟练程度、第一语言和第二语言之间书写体系和修辞结构之间的不同。Alderson 分析了影响阅读的因素，他认为有两个方面，分别是阅读者个人方面的因素以及阅读材料的内容和类型。阅读者个人方面的因素包括阅读者的背景知识、对阅读材料内容的知识、文化知识以及第二语言或外语的语言水平。此外，学习者的性格、性别、社会阶层、职业、智力及阅读动机也会影响到阅读的效果。成功的阅读者不但对词汇的识别能力强而且更准确，阅读动机也会更明确。相反，不太成功的阅读者往往缺乏阅读的动机，而阅读的结果和阅读动机是密切相关的。因此，要提高第二语言的阅读能力，就必须首先提高第二语言的语言水平。

根据语言的功能理论，人们掌握语言主要有以下几方面的作用：表达、指示、描述、辩论和元语言。任何一个具有母语使用能力的人都能运用语言完成上述功能，那么任何一种语言也都能完成以上功能。如果一种语言知识和能力作为系统知识储存在大脑中，那重新学习一门语言就意味着创造另外一个知识系统。根据格式塔理论，新知识的输入必然以原有系统为参照或立足点，原有系统必然会对新系统产生影响，或者说，原有系统的大部分或一部分必然会成为新系统的一部分。阅读能力发生迁移是肯定的、必然的。错误分析显示，外语学习者在语音、语法、语用等层次上都会受母语的影响而呈现出系统偏差，说明迁移已不自觉地在进行。由于语言功能的普遍性，语言手段以及运用语言的手段必然也呈现出普遍性，因此，语言能力的正迁移是不可避免的。

四、大学英语阅读教学的目标和原则

（一）大学英语阅读教学的目标

在大学英语教学中，阅读的目的可以概括为以下几点：第一，搜索所需要的信息；第二，获取新的信息；第三，培养阅读理解能力；第四，从所阅读的文章中得到乐趣，激发阅读的兴趣。《大学英语教学大纲》强调的是提高学生的阅读理解能力；培养学生假设判断、分析归纳、推理验证等思维逻辑能力；培养学生快速阅读的能力及阅读兴趣；增加学生的文化背景知识。

阅读教学的目标在不同的学习阶段要求也不相同。《大学英语课程教学要求》将阅读目标划分成三个层次：

一般要求能基本读懂一般性题材的英文文章，阅读速度要达到每分钟70个词。在快速阅读篇幅较长、难度略低的材料时，阅读速度要达到每分钟100个词。能就阅读材料进行略读和寻读。能借助词典阅读本专业的英语教材和题材熟悉的英文报刊文章，并掌握中心大意，理解主要事实和有关细节。能读懂工作、生活中常见的应用文体的材料。能在阅读中使用有效的阅读方法。

较高要求能基本读懂英语国家大众性报纸杂志上的文章，阅读速度为每分钟70~90个词。在快速阅读篇幅较长、难度适中的材料时，阅读速度则要达到每分钟120个词。能阅读所学专业的综述性文献，并能正确理解中心大意，抓住主要事实和有关细节。

更高要求能读懂有一定难度的文章，理解主旨大意及细节，能阅读国外英语报纸杂志上的文章，也能比较顺利地阅读所学专业的英语文献和资料。

（二）大学英语阅读教学的原则

不同的教师、不同的教学条件和环境、不同的学生、不同的教学目的以及其他与英语教学相关的方面的不同，当反映在阅读教学上时，就必然演化出各种各样的阅读教学活动，这就是英语阅读教学的实践。为了达到阅读教学的目的，保证阅读教学的有效开展，要遵循以下原则：

1. 真实性原则

交际教学法的基本原则在于强调语言的交际性，而交际性首先来自语言的真实性。因此，在阅读教学中要特别注意真实性。阅读教学的真实性包括三层意义：一是阅读材料的真实性。阅读材料的选择要考虑学生在日常生活中的交际需要，从现实生活中选择问题多样、适合学生的语言水平、学生喜闻乐见的阅读材料。二是阅读目的的真实性。真正的交际过程中，阅读活动总是有一定目的的。人们阅读可能是为了获取信息或者验证自己已有的知识，可能是为了批评作者的思想或者写作的风格，也可能单纯为了消遣或者打发时间。阅读目的不同，需要的阅读方法也就不同。阅读教学也要根据交际的需要，确定教学的具体目标。不同的文章可以专门用来训练学生的某一项或者几项阅读技能，也可以用来训练学生的综合阅读能力。在具体的阅读教学中，阅读的目的还要体现在练习的设计上，要通过阅读练习帮助学生实现阅读目的。三是阅读方法的真实性。学生要根据自己的阅读目的、文章的体裁类型等选择恰当的阅读方式。重语言、轻理解，如果把阅读教学的大部分精力放在语言知识的讲解上，就违反了阅读的一般规律，这是阅读教学失败的一个重要原因。一定要明确贯彻阅读课堂教学的目的是"先理解、后语言点"，让学生真正参与阅读实践，亲身体验阅读过程。假如教师剥夺了学生亲自阅读理解、分析判断、推理对比、评价总结的机会，那就很难快速培养其阅读能力了。

2. 层层设问原则

课堂提问是教学活动的有机组成部分。教师根据一定的教学目的，针对相关的教学材料，设置一系列问题情境，要求学生思考回答，以促进学生积极思维，提高教学质量。层层设问原则主要是指教师在阅读教学中提出的问题应该具有层次性，一环扣一环，逐步揭示文章的主题。

3. 积极性原则

阅读不是一项被动的过程，而是一种高度积极主动的创造性行为，是读者根据自己已有的信息、知识和经验对语篇进行筛选、分类和解释的过程，是读者通过语篇与作者相互作用的交际行为。读者的心理状态对阅读具有重要的影响。决定阅读心理状态的具体因素包括阅读目的、兴趣、必要性、积极性等，可以概括地用"强制性"的强度来表示，强制性程度大的阅读往往目的不明确或缺乏兴趣、积极性差，属于被动阅读。强制性程度小的阅读则往往出于兴趣，是自发性的主动阅读。在实践中，前一种阅读比后一种阅读更难进行，或者说难度更大。比如，同样的阅读材料在学生平时的学习中不算很难，但放在考试中可能就要难得多。提高学生阅读的积极性要从以下三个方面入手：一是选择学生感兴趣的且难度适中的文章；二是开展生动有趣的课堂活动；三是及时发现学生的进步，多给予表扬和鼓励。

4. 循序渐进原则

阅读教学目标的完成不会一蹴而就，它是循序渐进的过程，需要合理的总体设计和长远规划。教师应该在材料选择、任务确定、阅读方法以及阅读教学的反馈等方面进行细致的考虑，并积极引导学生采用适合自己的阅读方法去完成规定的阅读任务。

5. 因材施教原则

由于学生之间存在着个性差异，因而学生学习阅读的进度有所不同。因此，教师应满足不同水平学生的特殊需要，力争使每个学生都能发展相应的阅读技能。比如，有的学生阅读成绩不佳而产生自暴自弃的情绪，对于这类学生，教师可以先给他们简单的阅读材料，然后再逐步增加难度，让他们看到自己的点滴进步，经常表扬、鼓励他们，帮助他们增强取得进步的信心。而有的学生基础好，学习兴趣浓厚，课堂上的阅读常常满足不了他们的阅读欲望，针对这类学生，教师应向他们介绍和推荐一些适合他们的读物，布置一些富有挑战性的阅读任务，以满足其阅读欲望。总之，教师应根据每个学生的特点认真分析，并将其分类，在教学中有意识地对其提出不同要求，采取不同方法，从而做到因材施教。

6. 速度调节原则

阅读速度不一定等于理解能力。有的人阅读速度快，但是理解能力差。而有的人阅读速度慢，理解能力也差。针对这些学生，应加强一般阅读技能的训练和语言的基础知识，而不宜加快阅读速度。教师应根据教学的进程设置不同的阅读速度，在阅读教学进行之初，可以放缓阅读速度，需要注重的是对材料进行有效的理解。慢速度阅读有时也是一种需要，例如，诗歌、散文、小说等应该细细地品读，深入地分析领会、认真思考、品味、评价和欣赏。但随着词汇量的扩大，语义、句法知识的增加，语感的增强和阅读技能的提高，阅读速度亦增强。这个阶段就应该进行相应的限时训练，并提高训练的强度，进而完成阅读教学的目标，可以说速度调节原则就是要求教师在阅读教学过程中做到张弛有度，根据不同阶段的教学目标做相应的调整。

五、英语阅读训练的方法

在外语学习中，阅读是一个重要的环节，阅读教学在整个教学体系中有着举足轻重的地位，阅读策略也是第二语言习得要研究的一个方面。在传统阅读教学中，存在着很多错误的观念和教学上的误区，即学生在对待不同的阅读材料时均采用同样的阅读速度和方式，这样既不能在规定时间内完成相应的阅读量，还影响阅读理解的效果。因此，教师有必要采用一些新的教学策略，尝试构建有效的课堂阅读教学。

《大学英语课程教学要求》指出："大学英语课程教学目标是培养学生的英语综合应用能力，特别是听说能力，使他们在今后工作和社会交往中能用英语有效地进行交际。要做到有效的信息交流，必须具备对信息的整体把握能力，其次是语言口头表达能力英语阅读是中国的大学生获取信息最主要的手段，阅读课也是大学英语教学的重中之重。因此，大学英语阅读课堂教学应该注重培养学生对信息的整体把握能力。"

（一）引导激发学生的阅读兴趣

阅读教学的目标是使学生具有较强的英语阅读分析能力。教师的基本任务就是引导，根据不同的阅读环境、阅读材料提供相应的背景知识，教授一些阅读中的基本技巧，在阅读前激发出学生的阅读兴趣和欲望，帮助学生成为有辨别力的独立而有效的阅读者。

与学生已有的经验和有关知识寻找关联。在开展文章阅读之前激发学生极大的欲望和好奇心去阅读文章的方法是了解学生学习过的有关文章或课文有关知识，然后提出一些问题。多表扬，少批评，大家一起讨论，增强学生的自主性，然后再让学生学习新的知识。

通过对标题的讲解，让学生大胆预测阅读内容。对于整篇的阅读材料，教师不要急于讲解，可以发挥学生的自主性，让学生先围绕标题进行大胆的联想和猜测。即使在课文的讲解过程中也可以间歇性地引导和启发学生的逻辑思维，为学生的创造性留有空间。

"限时性"是强化阅读的有效方法，缓慢的、不连续的和精力不完全集中的阅读，在单位时间内无法获得大量的知识信息，对阅读者的心理也会产生压力，同时也无法体会到阅读的满足感。"限时性"阅读就是让学生在规定的时间内完成一定的阅读量，使学生有目的地阅读，这样可以集中精力，避免重复劳动带来的厌倦感。

（二）在阅读教学过程中充分注意学生的心理活动

阅读是一种融合了感知力、理解力、分析综合能力以及记忆联想和判断推理的复杂思维活动，因此，教师要充分关注阅读过程中学生的心理活动。

开展阅读之前让学生充分理解阅读的重要性。阅读对人生具有重要的启迪作用，是开启知识之门的钥匙，只有学会阅读，充分消化吸收，才能汲取前人的智慧，为自己的人生寻找方向。

在阅读过程中难免会碰到一些读不懂、理解不了的地方，此时学生会产生恐惧心理，长此以往也会产生退缩心理。因此教师在引导学生阅读时应该有计划地向学生解释阅读技巧，并结合大量的阅读实践，训练阅读的技巧。

（三）注重阅读技术

学生是阅读的主体，注重阅读技术对于提高学生阅读能力是百益无害的。教师要注重引导，抓住本质，使学生融会贯通。

重视文章结构。文章结构可以称之为文章的"骨骼"，阅读文章之前首先分析结构是"君欲善其事，必先利其器"。在分析过程中，首先要找到文章的主旨，大部分是在文章的开头，也有的在文中，或者在文末。另外要注重篇章结构，弄清楚作者的逻辑思路是演绎推理还是归纳推理，是由事实到论点还是由论点来举例论证，是由点到面还是由面到点。掌握了文章的结构，既有利于学生提纲挈领，也有利于学习写作方法和训练自己的思维能力。

重视词句的学习。阅读的过程首先也是个学习的过程，阅读学习陌生的词句是个不断积累的过程。在阅读中养成良好的习惯，最好是一次读完整个句子，而不是碰到陌生的词就查阅字典。可以先从整句或者联系上下文进行"猜测"，然后通读完毕再对"猜测"进行确认。

重视语法结构。长难句是阅读的难点所在，有些长难句虽然没有生僻词和旧词新译的情况出现，但是由于句子成分过于复杂，往往也很难真正理解。如果遇到这种情况，只要耐心地分析句子成分，灵活运用语法知识，分清所指代的具体意义，就能真正把句子吃透，做到融会贯通。

（四）培养学生独立阅读的能力

阅读能力包括学生的观察力、注意力、记忆力、想象力和思维能力，培养学生的阅读能力，就是把学生的这五种能力融合为一个整体。建构主义理论认为知识是由个人建构而不是由他人传授的，学生是知识建构的主体，学习不是由教师把知识简单地传授给学生，而是由学生自己建构知识的过程。因此，阅读课堂教学应该紧紧围绕学生来设计，建立学生与学生对话、学生与教师对话和学生与作者对话三个不同层次，从而实现大学英语课程教学目标。培养学生独立分析问题和解决问题的能力是提高阅读能力的必要手段，而且独立思考和独立工作的能力也是外语教学工作的重点内容之一。在课堂上，教师通过启发式教学，激发学生的想象推理能力，为学生学习提供帮助。在课下，学生能够掌握查阅资料的正确方法，以迅速找到相关信息，独立完成阅读任务，并且读有所获，将知识面扩大，真正做到学以致用。

第二节 高校英语听力教学

一、英语听力教学概述

听力是生活中最常见而又最容易被语言教学所忽视的一项技能。在 20 世纪 70 年代之前，有关语言教学研究的文献中很少有专门探讨听力教学的问题。而随着交际教学法的推广，人们开始意识到听力是人的语言水平的重要方面，因此听力教学也逐步引起人们的重视。

从20世纪80年代开始，有关听力教学以及听力技能的研究逐渐增多。英国应用语言学家Richards认为，听力由一系列的微技能组成，这些微技能应该成为教学与测试的重点。美国语言学家Dost指出，听力的微技能包括：区分单词的语音的能力，对不熟悉的单词推断词义的能力，对将要听到的内容的预测能力，对于内容矛盾、信息不足或者模糊的处理能力，辨认事实与观点的能力。人们对于听力教学态度的转变在很大程度上是因为克拉申所提出的输入输出假说。克拉申认为，人们习得语言的唯一方法是理解信息，或接收可理解的输入。这里所说的信息或输入主要是口头语言。

另外，在20世纪八九十年代，应用语言学的研究者开始从认知心理学中借鉴关于语言理解模式的各种新的理论，区分了"自下而上"和"自上而下"的两种处理模式，并从中意识到背景知识和图式在理解中的重要性。在自下而上的处理模式中，听是一个线性的数据处理过程，理解的程度取决于听者是否成功地对所听到的口语材料进行解码，而在自上而下的处理模式中，听者主要是主动地根据预期、推论、意图、图式知识以及原来具有的相关知识有选择地处理接收的信息，并构建意义。与此同时，会话分析以及语篇分析的研究成果也对听力教学产生了一定的影响，通过这些研究，人们对口语语篇的结构有了一定的了解，意识到单靠把书面语篇朗读出来并不能给学生提供合适的听力材料，听力教学中必须向学习者提供适合他们需要和水平的真实的口语材料，因此真实性成为选择听力材料的一个重要标准。

（一）英语听力教学的理论基础

在听说读写四项技能中，听被称为"接受性技能"，但是这并不意味着听就是一个被动的接受过程，实际上，听是一个非常主动的、积极的信息处理过程。心理语言学的研究表明，听的过程与人的记忆具有密切的联系。根据识记与保持的时间的长短可以把人的记忆分为瞬时记忆、短时记忆和长时记忆三种。三者各自承担着不同的任务，从而形成一个完整的信息记忆与处理系统。

瞬时记忆就是在感知事物后极短时间内（如一秒左右）的记忆；短时记忆就是经过识记过程，在较短时间内（如几秒至几十秒）的记忆；长时记忆则是在较长时间内（如以日、月、年计的时间）的记忆。这三种记忆除了在获得与保持的时间长短上有区别，在其他方面也有所不同，如在记忆广度、记忆内容的形象性、信息提取的难易程度以及生理机制方面等。

瞬时记忆是由感官直接传入的，因此，其具有比较鲜明的感觉形象性，也可称为感知记忆。它的保持时间极短，一般认为在一秒左右。它的重现是很容易的。瞬时记忆的生理机制可能是神经细胞群在刺激后的继续活动。它是由一种短时的电化学反应所引起的，但会随着时间的推移而自动消退，它的活动痕迹的神经组织范围也是比较狭小的。

短时记忆的保持时间虽比瞬时记忆稍长，但也是很短的。一般认为，它的保持时间是以秒计算的，最长也不过是一分钟左右。例如在电话簿上查到一个不熟悉的电话号码后，我们就能根据短时记忆拨出这个号码，但是在拨完号码后，甚至在拨号过程中便会把它忘掉。要使材料保持在短时记忆中，复述是必要的，否则很快（如不到半分钟）就会被遗忘。短时记忆的重现也是比较容易的。短时记忆的数量或广度也很有限，和瞬时记忆一样。它的生理机制也基本上和瞬时记忆相同，只不过持续的时间略长而已。

长时记忆指在识记一项材料后经过一长段时间才能够把它背诵出来的能力。长时记忆能够保持的时间是较长的——从几分钟、几小时、几个月、几年，直到终身。长时记忆的数量极大，可以说并无限度。事实上它可以包括一个人的全部知识。又由于它的数量极大，有时就会使回忆发生一定的困难。长时记忆的主要条件是复习。长时记忆（特别是语文材料的记忆）的特点之一是记住了信息的意义，而不只是机械地记住了一些彼此孤立的单元，如词等等。长时记忆的识记是一个组织以及建造的过程，所以它所存储的全部知识也是一个有秩序、有组织的统一体。这就使人们有可能比较迅速地通过多种渠道从浩如烟海的长时记忆中提取有关的知识。长时记忆依赖于以前获得的知识，在识记时把当前识记的材料和过去的知识联系得越多，则以后回忆起来就越容易。

从系统论的观点来看，瞬时记忆、短时记忆和长时记忆是一个统一记忆系统中的三个不同的信息加工阶段，它们之间不是彼此孤立的，而是相互影响、相互作用的。

听力学习过程是语言学习过程的一部分，所以对听力材料中语言点的学习是不容忽视的。如果我们的头脑中并没有相应的储存，我们便无法了解外部信号的作用，例如，没有学过外语的人就会对外语声音毫无反应。换言之，听话的结果取决于记忆结构。语言点一般包括值得重点关注的常用词和常见句式的意义、用法以及关键词或生词，或者是容易听错的地方。语言点的学习能帮助学习者注意词汇的发音、含义、用法以及句子的结构和含义等。记忆结构包括音、词、词组、句、语篇等语言知识，还包括语言在社会中使用的知识、社会文化知识和一切其他非语言知识。另外，在听话过程中建立起来的一切自动反应模式都可以贮存，并在适当的条件下自动发生作用。当听力任务结束后，再配合语言点的讲解，这样更有益于语言知识的扩展和听力技能的提高。如果只把听力练习当作听力测试，那就只会在乎结果，只会在乎测试题的对与错，这样的练习往往使听者的水平难有本质上的提升。因此，我们可以得出结论：听力是多方面能力的综合。

（二）大学英语听力教学的目标

英语听力教学的主要目的是培养学生在现实生活中进行真实交际的能力，能够借助听力完成现实生活中的各种任务，同时促进自己的学习和发展。随着学生认知能力的进一步发展，对学生听力能力的要求也逐渐提高。听力教学的目标在不同的学习阶段要求也不相同。《大学英语课程教学要求》针对听力目标划分了三个层次：

一般要求能听懂英语授课，能听懂日常英语谈话和一般性题材的讲座，能听懂语速较慢（每分钟130～150个词）的英语广播和电视节目，能掌握其中心大意，抓住要点。能运用基本的听力技巧。

较高要求能听懂英语谈话和讲座，能基本听懂题材熟悉、篇幅较长的英语广播和电视节目，语速为每分钟150～180个词，能掌握其中心大意，抓住要点和相关细节。能基本听懂用英语讲授的专业课程。

更高要求能基本听懂英语国家的广播电视节目，能掌握其中心大意，抓住要点。能听懂英语国家人士正常语速的谈话。能听懂用英语讲授的专业课程和英语讲座。

（三）大学英语听力教学的内容

英语听力教学的内容一般应包括以下几点：听力知识、听力技能、语音训练、听力理解和逻辑推理训练等。

1. 听力知识

听力知识包括语音知识、策略知识、文化知识、语法运用知识等。语音知识不仅是语音教学的内容，而且是听力教学的内容，因为听力的首要任务就是语音解码。因此，学生有必要掌握发音、重读、连读、意群和语调知识。听力理解、策略知识、文化知识、语用知识同样必不可少。缺乏策略知识，就难以根据不同的听力任务选择适当的听力方式。缺乏对目的语国家的文化知识的了解，听的时候就容易产生歧义，便无法理解听到的内容。缺乏相关的语用知识，也难以真正理解对方说话的内涵，进而影响交际的质量。

2. 听力技能

辨音能力——辨音能力是听力理解的最基本能力，包括音位辨别、重弱辨别、意群辨别、语调辨别、音质辨别等。

交际信息辨别能力——进行有效交际的关键之一是培养交际信息辨别能力，包括辨别新信息指示语、例证指示语、话题终止指示语、语轮转换指示语等。

大意理解能力——通常包括理解谈话或独白的主题和意图等。

细节理解能力——指获取听力内容中具体信息的能力。

词义猜测能力——指借助各种技巧猜测交流中所使用的生词、难词等未知表达方式的能力。

推理判断能力——指对谈话人之间的关系、说话人的意图、情绪、态度和言外行为等非言语直接表达的信息，通过推理，判断其深层含义，进而理解说话人的意图、谈话人之间的关系、说话者的情感态度等的能力。

预测下文能力——预测指对谈话下文所要出现内容的猜测和估计，从而确定事物的发展顺序或逻辑关系。

评价能力——指对所听内容进行评价，并表达自己观点的能力。

记笔记——根据听力要求选择适合于自己的笔记记录方式，适当的记录方式有利于听力信息的获取。

选择注意力——根据听力的目的和重点选择听力中的信息焦点。

3. 语音训练

语音训练包括对听音、意群、重读等的训练。训练的顺序应从词到句再到文。

对于造成听力困难或容易混淆的语音专项训练，如：bed—bad，chip—cheap，pin—pen，ship—sheep，sit—seat，等等。语音训练是为了增强学生的语音辨别能力，为提高听力理解打下夯实的基础。

4. 听力理解

听力技能的培养是为理解服务的，除了语音和技能的训练，听力教学更多的应是通过各种活动，训练学生对句子和语篇的理解能力，使学生的理解由"字面"到"隐含"再到"应用"，逐步加深。

5. 逻辑推理训练

在听力教学中，还要训练学生的逻辑推理能力，并提高他们的语法知识，因为语法和逻辑知识是正确理解和判断语义的必要条件。另外，语言的学习是需要语感的，就是对信息有一定的预测能力，当能预知将要听到的信息范围时，头脑中该范围的知识储备就被"激活"，那么听力的效果就会好一些。

二、英语听力教学的原则

语言教学中的听，实质上是理解和吸收口头信息的能力。在语言学习活动中，人们正是通过这种领会能力来获得大量语言材料的，并促进说、读、写等其他语言技能的发展。根据现行英语课程标准要求，英语试卷中听力的占比有加大的趋势。而英语的教学现状是学生读写能力要比听说能力强；教师在听力教学中往往也是无所适从；听力题处于试卷的第一部分，如果这一部分发挥不好，会直接影响学生后面主客观题的作答。因此对听力教学的基本原则和一般方法进行探讨是很有必要的。

现阶段英语教师普遍采用对听力材料重复多听的方法来上听力课，其弊端有三：首先，这种方法不现实，它与考试要求脱节。听力能力测试中除短文理解读两遍，句子、对话等只读一遍，这就使得在重复多听方式下训练出来的学生不适应"实战"。其次是效果不佳，这种逐字逐句重复听的方法导致的必然结果就是学生只抓住了点而忽视了面，也就是说对细节注意过甚，而对对话、短文整体语意不甚了解。所以在处理对听力材料通篇理解，如短文的中心、主旨等题时容易出错；而对那些隐含的信息，如对话发生的时间地点，说话人对某事的态度、意见也往往捕捉不到。再次，这种听力教学易陷入模式化窠臼，致使教师、学生都疲惫不堪，从而导致"听"而生畏。因此教师要真正提高听力教学效果,首先要充分认识听力教学的基本原则,从而确保听力教学能够正确、合理地进行。

(一) 循序渐进的原则

听力材料的选择应遵循循序渐进的原则,由易到难、兼顾多样性且具有真实性。这里所讲的听力材料是指课本"听力训练"以外的材料。开始着手听力训练时,材料语速不能过快,尽量选择吐字清晰、连读、弱读现象少的材料;听力内容可以是日常生活会话、社会热点话题、新闻、故事等,以激发学生听的欲望和兴趣;让学生在听的过程中有所得,有所知;另外听力材料最好能体现真实性,即语音、语调真切自然,不夸张,符合讲母语的人在自然交际场合中的说话标准。在听力训练方面,要在培养听力的不同阶段确立不同的培养目标。

(二) 训练模式多样化原则

教师应该根据不同的训练目的,采用不同的训练方式。在课堂上,学生听教师和其他同学讲英语是培养听力的重要途径。教师可根据由慢到快、由易到难、由简到繁的原则坚持用英语组织课堂教学和讲解课文,并鼓励学生大胆讲英语,以营造浓厚的课堂氛围。另外,教师应根据不同的教学目标选择不同的听力材料并采用不同的训练模式,比如,让学生区分练习各种语音,从而领会其表述的意义;提前给出学生一些问题,让学生听材料时用母语给出答案;听以正常语速讲的所学过的各种对话;鼓励学生自由选听各种材料,然后说出或写出所听的内容。教师应尽可能地为学生创造听英语的机会和条件,通过听觉接触大量的英语,逐步提升听的能力。

(三) 兼顾分析性和综合性的听力能力训练

分析性听能指的是为了完成听力题中对细节部分的考查,而逐字逐句地分析细听。这就需要学生在听时"抠"字眼,例如题中要求回答的事件发生的时间、地点、年份、数字等,就要求学生在听时特别注意此类细节并作简单记录。综合性听能指对听力材料进行粗线条的整体理解。这种听能可以解决听力题中对材料主旨的理解、整体思想等方面的要求,往往是对短文类听力材料理解的第一步。在现实听力训练中,由于听力题既涉及细节问题,又不能忽视对材料的通篇理解,所以要求学生把分析性听能与综合性听能结合起来,以适应题目的要求。每个听力活动都应有其目的,训练一个或者多个具体的听力技能。一个听力活动也可具有一个或多个训练目标，但要注意不要给不同阶段的学生过重的学习负担。让学生明确每次听力理解的目标，这将有助于学生选择合适的听力材料进行练习。围绕听力活动的目的，教师要采取多种手段综合训练，单一的听力训练很容易造成课堂气氛沉闷，使学生对听失去兴趣。

（四）听、说有机结合

听力理解过程不是被动的过程，而是一个积极的、创造性的思维过程。学生对听力材料的反应是他们理解的镜子，所以学生理解的情况要通过观察学生对所听材料的反应来判断；检查学生的反应情况可以是书面的（听力题），也可以是口头的。例如教师可让学生复述所听材料或其中的关键语句，这有助于学生对听力材料的理解。作为输入的"听"和输出的"说"，两者紧密相关，相互促进，因此在训练听力时结合说的训练，能够使学生看到听的效果，从而增强信心和兴趣。

（五）符合交际需要原则

听力训练的最终目的是培养学生听懂地道英语的能力，以适应交际需要。在平时的教学中，教师应坚持用正常的语速授课，并严格要求自己，力求发音标准无误。由于听录音是培养听力的有效方法，因而教师要充分利用各种电教设备，让学生多听地道的英语，并让学生习惯于听不同年龄、性别、身份的人在不同场合的发音。偶尔也可以让学生听一些时下流行的英文歌曲，以此来提高学生的学习兴趣。

此外，我们要充分认识造成听力理解困难的主客观因素。听是语言习得的第一步，说的能力是直接建筑于听的能力之上的。听力教学原则与教学方法互为因果，紧密相关。教学原则指导教学方法，教学方法以原则为基础。所以针对以上听力教学原则，我们可以参考以下听力教学方法。

第一，针对听力教学要坚持循序渐进这一原则，我们要由浅入深，由易到难。可以从听字、词开始，然后发展到句、篇。具体做法是：教师设计一些辨音选词练习，以口头或音频的形式呈现给学生，提高学生的语音辨别能力；在此基础上听句子，教师可以从日常课文中选出含有复杂语法结构、特殊语言表达习惯的句子，口头读出，通过学生重述来检查听的效果，这样可以做到听说结合，师生互动，必要时分析句子结构，讲解用法，为学生理解扫清障碍。

第二，针对兼顾分析性和综合性听能的训练，我们应鼓励学生先看题再去听，即带着问题听，这样可减少盲目性，增强针对性。教师可就此设计一些练习，如训练分析性听能，就设计一些细节题，像故事发生的时间、地点等；对综合性听力训练，就要求学生听完材料后，给出"general idea"；最现实的训练是综合分析性与综合性听能，即在同一听力材料中出现细节题和大意题。

第三，针对分散训练和集中训练教学原则，我们要以循序渐进原则为标准，由易到难，也就是由分散到集中，平时所做的无意识的听力训练归根结底是为集中的综合听力训练服务，所以这里不再赘述。

第四，要做到听说结合可以采用"2R"法，即 Repeat 和 Retell。Repeat（重复）：对听力材料中与题目相关的关键句子可让学生重复去听，以锻炼学生敏锐地捕捉信息点的能力和反应速度；Retell（重述）：教师引导学生用自己的话重述所听内容，这样有助于学生对听力材料的通篇理解。总之我们不能为了听而听，要能把听懂的内容说出来，使听说真正做到互相促进，相得益彰。

第五，认识了造成听力理解困难的主客观因素，我们就要在平时训练中逐步克服。对于语言上的困难，教师具体从语音、词汇、语法三个方面入手，这些基础知识都始终贯穿于英语教学。而内容上的困难，教师可以通过让学生大量泛读来扩大知识面，这里说的泛读不仅指英语文章也可以是汉语文章；不仅是学生感兴趣的趣闻轶事、文化习俗等文章要读，科技博览、政治经济等文章也要涉猎，如 China Daily、Crazy English、World of English 等报纸、杂志上的文章都可作为泛读材料。对于心理上的困难，则需要长期训练，而树立自信心是最重要的。如果前面两个困难都能克服，那么心理上的困难也就迎刃而解了。

其实，大学英语教学工作者在听力教学中都在自觉或不自觉地遵循并应用这些方法。不管怎样，要真正使听力教学适应素质教育的要求，使之系统化，有章可循，适合中国学生特点，就需要把听力教学贯穿于英语教学的始终，使听力教学在英语教学中的重要地位得以体现。

三、英语听力训练中的策略

听力策略是在听力过程中体现和运用的，主要有以下几种。

（一）调控策略

当听一篇课文时，学习者会在听音中出现注意力瞬间终止的情况，当发生这种情况时，听力强的学习者会立刻意识到其注意力的不集中，并很快自觉地把注意力重新集中在听力材料上；而听力弱的学习者则只顾前不顾后，一遇生词，就会停止听音，陷入对生词的冥思苦想中，无法使自己的注意力重新回到所听的材料上。

（二）切分策略

通过观察我们发现，听者对不同长度的信号在反应时间上并无明显的区别，一个意群被感知的速度不会低于音素被感知的速度。听力强的学习者依据讲话者的语调和停顿，能把口头话语划分成尽可能长的意群，因为任何讲述都要依据段落和意义进行停顿，如果听者的切分能与讲话者的停顿相吻合，就会大大地缩短听者对语言符号反应的时间，使听者更有效而准确地理解语篇。听力差的学习者总是以单词为单位，期望听清每个单词，最终却只能记住支离破碎的几个词或句子，对整个语篇不能形成整体的理解。

（三）记忆策略

通常听者如不采取一定的策略，就很难记住长段的内容和全部细节，这会影响听者对材料的正确理解。听力好的学习者，一般在听音过程中善于利用英语特有的停顿、节奏等，抓住有利时机快速记下有用信息，在必要时通过笔记等立刻激起已有记忆，使音、义、形快速结合，从而对语篇做出正确的理解；而听力差的学生不善于做笔记，不知道该记什么，而且抓不住做笔记的有利时机，听时不能写，写时不能听，有时由于速度过慢而顾此失彼，导致两头不能兼顾。

（四）预测和选择策略

当听一个语篇时，听者没有必要也不可能把所有单词或单句都听得很清楚。听力强的学习者在听语篇时善于通过预测选择要点，往往能根据选择项推知材料的大致内容,会出现哪类专有名词,会提出什么样的问题,这样便可争取主动,对即将听到的语篇做到心中有数,解题时也就得心应手了。另外,这类学习者还善于捕捉语段首句、主题句和过渡性词语等来掌握段落内容、中心思想,厘清句与句、段与段之间的逻辑关系,以完整地理解整个语篇。这是因为段首句大都是表达段落中心思想的主题句,它简明扼要地告诉听者段落的内容,而过渡性词语则表现出出题人的思路、时间和空间、举例和例证、对照和比较、引申和转折、推论和总结等逻辑关系,它对整个语篇的理解起着不可忽视的作用。听力差的学习者则往往抓不住要点,跳不出单词或句子的圈子,常把注意力集中到词和句子的具体细节上,因而抓不住文章的主要信息,只见树木而不见森林。

(五) 联系策略

联系策略是把新信息同先前的知识或同新信息中的其他内容相联系的策略。它是一种有助于理解和记忆的高级策略,听力强的学习者善于把新信息同先前的知识相结合,他不仅能充分利用已有信息推出另一信息,而且能通过把新信息与先前的知识进行类比来推测不熟悉的单词或词组的意思。此外,听力强的学习者还善于运用个人经验,对新信息做出评论性的判断。听力差的学习者则不能充分利用自己的现有知识,同时对新材料缺乏细致的理解,因此也就不能把新信息与自己的生活相联系。

(六) 推理策略

推理策略是运用已有知识和听力材料中的新信息猜测意义或补充失去信息的策略。在交际环境中,大量信息的获取不是单靠简单地输入词句结构就可实现的,在很大程度上是要依靠现有知识联想讲话的具体环境、讲话者之间的关系等隐含线索对输入的新信息进行逻辑推理来实现的。听力强的学习者由于具备记忆听力资料、选择要点、解析资料以及将知识与经验相结合等能力,容易在已有知识、段首句、主题句以及具体语境的启发下推断出生词的词义、语篇的中心思想以及材料深层的隐含意义;相反,听力差的学习者由于缺乏各种听力理解策略,因而在推理方面表现得并不理想,其理解水平只能停留在材料表面的词句结构上,不能对语篇做出准确、深层的理解。

教师在听力教学过程中需要做两方面的工作。一是帮助学生建立与教学内容相关的图式。要做到这一点,必须注重文化背景知识的传授,如英美国家的政治、经济、宗教、习俗等。同时，也不能忽视语言图式的建立，包括语音、词汇、语法等方面知识的传授。学生应该打好坚实的语音基础，只有自己的发音标准，才能确保听音的正确。应该熟悉和掌握英语的音素、音节、重音以及音的同化、失去爆破、音节的重读和弱化，包括词与词构成的意群、句子的语调等，还要能够辨别和听懂英式和美式等不同的音调和风格。二是要设法"激活"学生头脑中已有的图式，把他们的知识和经验充分调动起来，从而增强消化吸收新知识的能力。从组织教学的角度看，充实学生的知识图式结构要比设法激活它容易做到。在课堂上，教师要有计划、有步骤地训练学生掌握一些单项听力技能。它可以用一个或几个词、一个短语或一个句子来概括，此类题要求考生听懂材料的内容，并对其做出归纳和概括。

教师在课堂上应把听力理解的训练放在首要位置，并且鼓励学生在课外利用各种渠道接触听说，以强化这方面的能力。学生平时要提高朗读英语文章的强度，坚持不懈地、广泛地听各种不同的英语有声材料。教师可以把听力教学分为三个阶段：听前阶段、听中阶段和听后阶段。在听之前，教师可以通过预测练习或利用关键词来提示材料的背景、范围、功能，以激活学生内在的相关词语、句式以及其他已知信息。有关听力测试的材料要多听、反复听，做到凡是看得懂的都能听得懂，摸透考试的路子，这样才能稳步提高自己的听力技能，游刃有余地驾驭听力考试。

第三节　高校英语写作教学

一、英语写作教学概述

写作是一项语言输出技能。在英语听、说、读、写等技能中，写作对学习者的要求最高。在外语写作的过程中，学生不仅必须掌握拼写、标点等写作的基本知识并具有用外语遣词造句的能力，而且需要以外语思维方式创造性地合乎逻辑地表达思想，因此外语写作教学对教师的要求也很高。

从写作本身的功能来看，写作是交际的需要，书面交际可以打破时空的限制，从而实现在作者和读者之间的交流。尽管现代科技极其发达，人们可以采用各种通信手段进行口语的交流活动，但是仍有大量的交际活动需要以书面的方式完成。另外，从英语学习者的角度看，写作在英语学习过程中也起着重要的作用。写作能力的提高可以促进听、说、读能力的提高。写作是一种语言的实践活动，在培养学生交际能力的过程中，写作起到承上启下的作用。写作不仅有助于巩固经由读和听输入的语言材料，促进语言知识的内在化，提高语言运用的准确性，而且能为实质性的口语能力打下扎实的基础。

（一）写作教学的重要性

在四种语言技能中，说和写都属于产出技能。而写作则是大学英语各门课中层次较高、地位比较重要的一门课。然而，许多学生认为只要会说英语，就能写英语。由此，对写作的兴趣远远不如对读、听、说的兴趣。教师在教学实践中，对写作的重视程度也比不上精读课文和听说训练。其实，英语写作从侧面体现了英语教学的本质。俄罗斯认知心理学家 Vyostsky 着重提到，书写的语言是一种独立的语言功能，在结构和功能作用方式上不同于口头语言。美国社会语言学家海姆斯也指出，说话和写作不是可以简单地可以互换的，二者发展的途径存在着明显的不同。比如，写是一种经过学习的行为，是一种人造的方式。说则不是，说是自然的。一般情况下，说之于写，说注重说话时的环境，写则必须提供自己的环境，也就是上下文。对于写来说，读者不在场；而对于说，则有听众在场。通常情况下，写产生一种可视的文字产品；说则不然。也许正因为这一点，写比说更严格，更具有责任感。写要求作者在选词造句和联句成篇的过程中必须认真思考，这无疑是一种积极的助学方式。

写的过程是将思想变成文字的过程。写作使我们看到人们在如何思维。如果一个学生写不清楚，那他是没有想清楚；如果他的文字组织得不好，说明他的思维混乱。写作水平是衡量一个学生英语水平最重要、最全面，或者说最权威的尺子。一个人的英语语法观念，他的语言思维能力，他的语言功底以及英语语言文学修养和知识面，只要通过读他用英语写的文章，我们就会有一个全面、准确的把握。

（二）汉英思维以及语言差异

当用英语写作时，许多学生认为用汉语构思不影响其英语语篇。他们写不好英语作文主要是因为自己的词汇量不足。他们没有充分认识到汉语和英语是两种不同的语言。它们相互之间虽然有一些共性的东西，但更多的是差异。这些差异在两种语言的写作上更是突出。在句子结构上，英语重逻辑、重理性、重组织，也就是说逻辑重于语法。英语的表现形式严格地受逻辑形式支配，句子组织严密，层次（主次）井然。因此，在句法上，英语的句子十句中有九句是按"S（主语）+V（谓语）"或"S（主语）+V（谓语）+O（宾语）"配列的。与英语相比，汉语的句子形成机制很弱。汉语的句子结构本身是流散的，主谓宾没有形式标定，主谓之间关系松散，宾语无定格、无定位。主语的承接功能很弱，汉语的主体性思维方式强调主观感受和意念抒发，将理性功能和交流目的融于直觉，不注重逻辑形式，不执着于结构规范。

英语是现行思维方式主导下的线性语篇模式。通常是从抽象到具体，从一般到个别，并偏重事件发生的先后顺序。另外，英语对客观现象挖掘较充分，并以此组织设计段落情节。文章篇章的结构层次感和独立性较强。而且内容多围绕一条主线展开，即开头点题，先陈述段落的中心思想，而后分点说明展开题句，并为以后段落中增加其他意思做好准备；结尾则照应开头，概括全文。每一个段落又有一个中心议题（主题句，常置于句首，告诉读者这一段落要讨论什么内容）。此外，英语篇章最重要的一环在于段落的展开必须依据主题句、主导思想和文章内容等来确定最恰当的写作手法，如用对照法、举例法、因果法、列举法等。采用何种方式既要考虑该段落的目的和作用，又要考虑其扩展方式和选取的细节，还要考虑细节材料的排列方式和顺序，以便段落内各句之间彼此衔接连贯。与英语相比，汉语的语篇模式呈现的是螺旋形思维模式。其特点是汉语语段字斟句酌，较为严格，而且常习惯通过多种对比方式来对中心思想做螺旋形的重复，其中倒叙、插叙较多。篇章结构上，汉语讲究总体布局，开头、主体、结尾要求统一考虑，使之互相联系，互相制约。汉语开头种类较多，通常没有主题句。主体部分层次的调配，因不同体裁的文章、安排层次的方式不同而不尽相同。

二、大学英语写作教学教学法研究

为了解大学英语写作教学中存在的问题以及提高教学水平，大量学者研究提出了卓有成效的写作教学方法。

（一）成果教学法

成果教学法出现于 20 世纪 60 年代中期，是一种传统的写作教学方法。高尚昆教授指出，成果教学法的重点在于写作的最终结果，先由教师分析范文，学生模仿范文写作，然后由教师批改，评述范文内容、结构、措辞、语法等。苏杭、杨磊指出，成果教学法是一种传统的教学法，它的理论基础是行为主义理论，教学过程即是教师给予刺激、学生做出反应的过程。余苏、连燕华指出了成果教学法在目前大学英语写作教学中的可行性和弊端，她们认为，对于我国学生来说，学习英语是外语学习，而对于大部分的非英语专业的学生来说，英语写作还较薄弱，在写作前，若不给予一定的指导，学生在落笔时往往会感到无所适从。此外，由于成果教学法要求学生在一定的时间内完成一篇作文，这样有利于提高学生的写作速度，可以锻炼学生在有限的时间内拓展思路、组织材料、下笔成文的能力。应用语言学家 Byland 指出，传统的成果写作法注重于写作的成果，以及成品文本的形式、结构等多方面。这种方法应用在大学英语教学中形成了学生单独写作、教师单独评阅的单向交流模式。综上所述，这种教学法的优点在于充足的语言输入和足够的模仿和练习，可以帮助学生分析各种各样的文章，熟悉它们不同的写作特征，使学生对各种文章的内在结构有一个清晰的认知，以减少日后在写作中遇到的困难。但成果教学法也有很多不足之处：首先，它过度强调语言知识和语法能力，忽略了社会情境；其次，成果教学法更重视语法结构而非语义和语言功能；最后，它过分强调写作的最终结果，忽视了写作过程中早期的构思和计划，而且很大程度上是以教师为主的，学生则显得比较被动。

（二）任务教学法

任务教学法是基于英国学者 Prabhu 关于语言和学习的理论，产生于 20 世纪 80 年代。Prabhu 认为，以教师为中心的课堂常常有固定的师生课堂应对形式，但这种形式会妨碍自然的语言学习，因此需要有以学生为中心的课堂应对形式来替代，基于任务的教学方法正好可以满足这一要求。任务教学法强调课堂教学活动始终围绕一定的教学任务展开，更加注重把学到的语言知识运用到写作活动中去。

任务教学法是一种强调"做中学"的语言教学法，其基本特征是以"任务"为核心单位计划、组织教学。其直接目的是要为学生提供自然的语言学习环境，培养学生应对真实生活中交际问题的能力。

关于任务教学法的实施有以下几点原则：（1）提供有价值和真实的语言材料；

（2）运用语言；（3）所选任务应能激发学生运用语言；（4）注意某些语言形式。根据这些原则和要求，她提出了任务实施的三个阶段：任务前期准备阶段、任务环阶段和语言焦点阶段。

虽然任务教学法在英语写作教学中没有具体的操作步骤，但我们可以根据她的三个阶段理论把写作教学过程也划分为三个阶段：写前阶段、写作阶段和修改阶段。

写前阶段。教师须先拟定作文题目，收集与该作文题目主题相关的素材作为引导材料，如影片、广告、录音、新闻等，以此来激发学生的写作欲望，同时告知学生与主题相关的背景知识、专业词汇及规范表达，积极引导学生相互探讨主题的深层意义，协助学生解决探讨过程中遇到的困难。

写作阶段。首先由学生个人在规定的时间内独立完成老师给定的写作任务，进行实际的写作，然后让学生成对或以小组为单位就其作文进行再次讨论、计划，共同拟定讨论文稿。

修改阶段。小组成员以口头形式向全班汇报自己所完成的学习任务成果。在此过程中，教师可以充当主持人的角色，以保证任务流程有序进行，并要根据学生的汇报情况进行反馈。在反馈过程中，教师应先分析他们的汇报，并对文章主题、反映主题的例句和观点说明评价标准，根据这些标准来评价学生的作文,然后小组之间交换初稿，根据评价标准修改初稿。教师须深入各小组，了解学生普遍出现的问题。最后，由教师针对学生普遍出现的问题进行补充讲解、练习，对语言形式进行复习和巩固。

任务教学法的主要优势在于让学生变被动学习为主动学习。同时，这种教学方法对教师的能力要求比较高，需要教师精心设计任务，并结合学生的兴趣特点准备教学材料，在引导学生探讨任务的过程中要有较强的组织能力，同时需适时启发学生进行思考,对学生在完成任务过程中所出现的错误要有很强的洞察力并及时帮助学生解决。另外，任务教学法也要求学生积极配合教师，紧跟教师的步伐，充分发挥主观能动性，勤于思考，只有这样，才能充分利用这种方法最大限度地提高学生的英语写作能力和语言综合运用能力。

（三）过程教学法

过程教学法始于20世纪80年代，它综合了语言学、心理学、社会学和认知学的研究成果。其理论基础为交际理论,认为写作应是一个群体间进行交际的互动过程,而非写作者个体的单一行为。它以培养学生掌握交际能力为目的,要求教学目的交际化,强调在真实的社会情境中使用真实的语言进行交际活动。它是一种重视写作过程而非写作成果的教学法,其主要特点是:

1. 改变了教师的角色

教师在课堂上的角色由主宰者变为写作者、批评性的读者、教练和编辑,其职责是努力使所有的写作活动成为一种协作性的学习过程,每个学生都能亲身参与到写作活动中去。教学模式不再是学生在课上被动地听教师讲解、课后孤立无助地写作,而是变被动地接受知识为主动地学习。

2. 强调写作目的和意图

认为写作是一种社会交际活动,学生并非为教师而写作,而是为了更好地与读者进行交际,读者可能是教师,还可能是同伴。

3. 注重反馈和评改

反馈主要来自教师和同伴;评改则以教师、同伴及作者相结合的方式进行。在过程教学法指导下,写作活动注重对写作思想内容的挖掘和表达,注重学生作为写作主体的能动性,学生教学主体,而非那种消极等待、只有在得到刺激后才做出反应的被动体,这种教学法给学生提供了更多有创新意义的活动。但是,由于教师在学生写作之前没有进行足够的指导,学生写作之前没有范文可参照,他们对一般常规写作模式没有清楚的概念,导致在写初稿时往往想到什么就写什么,结果在他们的第一稿中就会出现严重的组织结构方面的问题,达不到的理想教学效果。

三、大学英语写作教学的目标和原则

(一)大学英语写作教学的目标

社会的发展对非英语专业大学毕业生的英语水平也提出了更高的要求,人才市场对人才的要求也因此不断提高,能否运用流利的外语与外界交流成为考察工作能力的必要标准。为了适应新形势的需要,《大学英语课程教学要求》对学生的书面表达能力做出了具体要求:

一般要求。能完成一般性写作任务,能描述个人经历、观感、情感和发生的事件等,能写常见的应用文，能在半小时内就一般性话题或提纲写出不少于120个词的短文，且内容基本完整，中心思想明确，用词恰当，语意连贯，能掌握基本的写作技能。

较高要求。能基本上就一般性的主题表达个人观点，能写所学专业论文的英文摘要，能写所学专业的英语小论文，能描述各种图表，能在半小时内写出不少于160个词的短文，且内容完整，观点明确，条理清楚，语句通顺。

更高要求。能用英语撰写所学专业的简短的报告和论文，能以书面形式比较自如地表达个人的观点，能在半小时内写出不少于200个词的说明文或议论文，思想表达清楚，内容丰富，文章结构清晰，逻辑性强。

（二）大学英语写作教学的原则

1. 循序渐进原则

目前的英语教学中，教师应该为不同层次的写作教学确定不同的标准，每一阶段均应有所侧重，从低到高，由浅入深，由易到难，循序渐进，一环扣一环地进行训练。英国语言学家L.G.亚历山大在其提出的写作方针中强调了划分阶段、循序渐进的思想。卜玉坤教授以此为理论基础，具体研究并尝试了"大学英语写作分阶段教学的具体方案"，他将整个写作教学过程按其知识层次的先后和写作特点分为以下十个阶段：①写简单句；②写复合句；③段落的组成及要点；④段落的发展方法；⑤文章的文体类别；⑥文章的结构；⑦写作步骤；⑧写作的书面需求细节与修辞手段；⑨范文分析和题型仿写；⑩独立撰写实践。

不同教师实施具体教学的阶段划分可以不尽相同，教学重点也因材而异，但词汇、语法、语篇技巧、由易到难、由简单到复杂、由低级到高级的循序渐进的方法却是写作教学的一般规律。

2. 对比原则

我国语言学家王力先生曾指出外语教学最有效的方法就是中外语言的比较教学。语言学家吕叔湘先生也曾说过："对中国学生最有用的帮助是让他认识英语和汉语的差别。在每一个具体的问题——词形、词意、语法范畴、句子结构上，都尽可能用汉语的情况来跟英语比较。让他通过这种比较得到更深层次的领会。"外语习得不同于母语习得。一方面，外语习得没有母语习得时所具有的得天独厚的语言环境，不可能以自然的方式习得；另一方面，外语习得又是在母语水平达到一定程度的条件下进行的,所以外语习得不可能不受母语的影响。同为语言,母语与外语既有相同相似之处,也有相异相斥之时。通过比较它们的异同来学习,必然会达到事半功倍的效果。就写作而言,汉语(母语)写作是在汉语口语技能已经相当高深的基础上进行的,写作教学的主要任务是将口头语言笔头化、逻辑严密化、思维清晰化,使作品符合写作规范;英语(外语)写作却不同,写作者一般不具备完善的用英语进行解码和编码的能力,但是却具备了相当程度的汉语写作能力,如果不系统地在语言的各个层面加以区别和比较,这种能力就会自动、机械地迁移到英语写作过程中,从而产生中式英语。学生习作中所犯的错误,大部分是由汉语负向迁移所致。

五、写作教学改革的新思路

在所有语言技能中,写作水平是最不容易提高的。只传授给学生写作知识远远不够,更重要的是要让他们在反复实践中将知识转化为能熟练应用的写作技能。英语写作是一门综合性很强的语言技能,要切实提高或获得这一技能就必须在平时的教学中有计划地进行系统的训练。

(一)加强实用英语写作的教学

刘润清教授曾提出"教育是为社会服务的,外语教育也不例外"。根据大学英语新教学大纲的要求、学生的迫切需求以及社会对人才的要求,加强实用英语写作势在必行。

(二)听、说、读、写、译相结合

1. 以听导写

听力既是一个理解、记忆的过程,也是一个语言输入的过程。学生可通过原有的语言知识、文化背景知识加深对听力材料的正确理解。原义的篇章结构、模式、语言风格以及一些恰当的语言表达法,这一切为写作提供了必要的输入。在课堂上可以利用几分钟的时间,找一些短小有趣、难易程度相当的幽默故事、科普短文或课文简要概括,对学生进行听写训练。这些短文中所用的应是学生学过的一些常用词及语法,由易到难、循序渐进地加大难度。教师要鼓励学生尽量将在听力训练中学到的单词、句型、地道的表达法用于日常的写作中去。这将大大地增加他们的写作素材,提升表达方式，让他们在写作时更加得心应手。

2. 以说代写

说在整个写作过程中起着十分重要的作用。课堂讨论不仅有助于母语写作者，而且有助于二语写作者挖掘写作题材、进行文字编码，并进一步意识到写作过程的方方面面。在写作之前围绕作文题目组织讨论十分必要。学生可以围绕主题分组讨论，深入挖掘写作内容，相互启发，拓展思路，集思广益。以说带写的模式能使学生写作思路更为清晰，写作内容更为丰富，写作语言更为地道，写作兴趣更为浓厚。

3. 以读促写

大量阅读是语言输入的重要途径之一。俗话说"巧妇难为无米之炊"，假如没有语言输入，那么语言的输出就会成为无源之水、无本之木。阅读是理解他人的思想，了解外部的表情；而写作则是表达自己的思想。写作能力的高低很大程度上取决于阅读理解能力，反之，写作能力的提高也有助于阅读理解能力的提高，二者相辅相成。大量的研究表明，阅读能力强的学生的写作能力要比阅读能力差的学生在措辞、句子结构、谋篇布局和语言风格等方面都略胜一筹。因此，在阅读课上，要特别注重引导学生分析作者的写作意图、写作思路以及掌握文章的整体内容；还要鼓励学生大量阅读英语原文，从中汲取营养，活学活用。这样既能提高学生的阅读能力，又能增加语言输入，培养语感，使学生写出的文章更为有血有肉、丰富多彩。

针对学生写作思路混乱、抓不住中心、下笔离题、掌握不好段落及篇章的写作技巧等问题，在阅读课上要尤其注重培养学生掌握语篇分析能力。培养学生语篇分析能力就是培养学生认识、分析段落以及由这些段落连接起来组成的表达完整中心思想的文章，使他们在阅读全文后能理解文章的中心思想，了解作者的写作意图、观点和态度，从而带动、提高他们的写作能力。

4. 以译助写

实践证明，写作能力与翻译能力密切相关。由于对地道的英语表达法掌握不够或不好，往往出现中国式英语，这是教师改作文时最感到头疼的问题。为了解决这个问题，我们不妨布置一定的汉译英练习，从而就两种语言在选词、句法结构、表达习惯等方面进行对比分析，使学生熟悉英语习惯表达法，从而减少汉语思维的干扰。日积月累的翻译练习一定会对学生写作能力的提高起到直接的作用。

(三)让学生意识到写作具有的交际功能

在写作者心中应有潜在的读者对象,而不是单纯地为写作而写作。语言学认为,语言是一种特殊的符号系统。人类的交际活动和思维反应不是通过表现,而是通过语篇来实现的。当然,写作者是以字、词等基本单元进行写作,但孤立的词语并不能实现和反映任何一种社会文化意义。要实现社会意义,就要求写作者选择词语、衔接句子、安排新信息、考虑语境,使其要传递的信息是连续的、完整的和不可分割的,以达到语言交际功能的目的。语言交际功能至少包括三种,学生写作的过程就是运用语言来完成这三种功能的过程。

要表达自己的思想,即英国语言学家韩礼德所说的"达意功能"。克拉克和海威兰德认为,每个陈述句都含有"已知"信息和"新"信息,组织语言,要尽量使听话人对每个"已知"信息有一个并且只有一个先行信息。如果违反这一原理,会产生两种结果:句子意义不清,句子累赘。有的句子可能很少有或没有真正新的信息,只是在重复已经说过的话,这就是"废话"。有的句子"已知"信息不足,句子跟语境不连贯,这就使读者对内容感到莫名其妙。在学生习作中,我们常见到这种情况:信息传达目的相同时,每个人传达的信息量及表达方式均不相同。有的给出最少的信息量,而能达到最佳效果;有的虽写得清楚,符合语法,但读起来令人乏味,因为句式呆板,信息大量重复。

写的东西是要给人读的,至少目前教师要读,即"人际功能"。奈斯特兰德曾指出:书面交际的很多明显特征是作者与读者进行的交流,即书面交际,那么书面语言就应具备严密性、简洁性和规范性。但是,学生仅仅掌握了语法知识,写出来的东西完全符合语法是远远不够的,因为写作不是语法练习,语法正确的句子堆在一起不一定是文章,写作者要明了自己的读者对象。因此,文体知识有时候就显得比语法知识更为重要,尤其是将来当他的交流对象是英语母语使用者时。

写的东西要成为前后连贯、表达有力的文章,即"语篇功能"。语篇的一个基本特征就是连贯。要使语篇连贯,从宏观结构考虑,有三种策略:一是信息结构,在已知信息上增加新信息。在作文中重复或参照前面说过的话,以达到思维活动的统一。二是主题辅助句结构。段落有主题句,该段其他描写事物或细节的句子都要辅助主题句,起到解释、说明主题句的作用。三是事件顺序结构，将一件件事情按发生顺序有条不紊地表达出来。

五、大学英语写作技巧指导

（一）自由写作

自由写作是一种思维激发活动，它像一个开启思维感情的闸门。在目前较为流行的写作过程教学法中，自由写作是创作阶段的一个主要活动形式。它的主要目的是克服写作的心理压力，激发思维活动，探索主题内容。强化自由写作，一方面是生活的需要。写作学习的目的应该是为生活和终身学习服务。在日常生活中，大量的写作需要是抒写自己的生活感受、思想情感，当然这都是自己立意、选材、构思，因此，"自由写作"更合乎写作的本质，而"绿色"、本色，也更体现了生活的需要。另一方面是培养创新意识的需要，这一点在目前显得尤为重要，强调"自由"地写，在写作中学会发现问题，独立思考，形成自己的见解。再者，写作过程实际上是学习社会，认识世界，进而学会做人的过程。强调自由写作，自由发表，让学生更丰富多样地表达他们的思想、价值观，增进师生间的沟通交流，给教师了解学生、指导学生提供了平台。

1. 第一个步骤——确定写作的范围

有人会质疑这些杂乱无章的东西有什么用，回头细读，你会发现这些不连贯的句子里隐含着某种情绪，而这种情绪正是你当前最关心的，或是隐藏在你脑海深处的。也许你在日常生活中忽略了它们，也许你注意到了，但不知道如何去表达。总之，这是你自己找到的、代表着你的真情实感的写作范围。找到最为闪光的一个句子，甚至是一个亮点词语，它们是进入第二个写作步骤的线索。

2. 第二个步骤——寻找写作材料

在进入自由写作的第二个步骤时，以所找到的句子或者是词语为基点发展。第二个步骤在动笔之前已有了一定范围，需要在这个相应的范围内开展自由写作。尽管这是有的放矢、有所约束的写作，但可以放松地、毫无顾忌地写下去。停笔后，把这些文字细读一遍，分门别类地整理这些写作内容，提炼出文章的基本线索和层次结构。

3. 第三个步骤——成文

第三个步骤与通常的写作几乎是一致的，不同的是，两次自由写作提供了写作者心中真正感兴趣的写作范围和写作材料，然后在这个基础上构建起一篇真正属于自己的完整的文章。前两个阶段的自由写作实际上把构思过程通过文字语言给外化了，是对构思过程的一种自由解放，在无束缚中发挥出写作主体的创造性和能动性。

（二）抓住读者

所有的写作者都需要在写作过程中时刻小心，有意识地引导读者在阅读时不脱离轨道。对此，写作者需要采用某些具体策略来抓住读者的注意力。

1. 选择一个好标题

标题往往是对文章内容的一种提炼，好标题的特点可以概括为准确、具体、新颖、简练。所谓准确，即要求标题和文章在内容上相吻合；所谓具体，是指标题在意义上不宜过宽过泛；所谓新颖，是指标题应不落俗套，具有鲜明、生动、能激发读者兴趣等特性；所谓简练，是指尽可能用较少的文字表达较具体的内容，甚至能用几个词或短语的就不用完整的句子。只有对标题进行充分锤炼、斟酌，才能找到起画龙点睛、概括全篇作用的合适的标题。标题对开始与读者建立良好关系起关键作用。好的标题能为读者控制和聚焦主题，可以正确引导读者，还可以为读者处理写作者的信息做准备，从而使他们更容易理解写作者的意图。对于较复杂的主题，可以提供副标题。好的标题还要便于识别和分类，要防止标题矫揉造作、随意嬉戏，或者过于含糊不清，这样会误导读者，甚至使他们感到恼火。

2. 要有强有力的开篇

任何一篇文章的开头都至关重要。在文章的开头几段你可能会赢得读者的心，也可能会失去读者。如果想抓住读者，你就要在90秒内说服他们，你要说令他们感兴趣的内容、他们需要的信息，或者对他们有利用价值的内容。如果采用冗长平淡乏味的段落开篇，或者没有把主题阐明清楚，你肯定会失去读者。所以开篇极为重要，你必须对开头几段仔细考虑和处理。在开篇时始终记住"Good openings let the reader know that what to expect."在开头部分你要向读者做出承诺，激起读者的阅读兴趣，然后再在下文中兑现你对读者设有的期许。最常见的方式有两种，一是激发读者兴趣，二是提供信息。如果想激发读者兴趣，可以采用一段逸事、一段引语、一个比喻或一个典型开头。哪一种开篇形式好没有定论，要根据写作目的和对读者期望的理解而定。激发兴趣的开篇如果进入主题太晚也会让读者不耐烦，而直接提供信息的开篇虽然缺少趣味，但是通常较安全。开篇段落的作用和标题一样，其目的主要是吸引读者。此外，还要预测文章内容、列出读者继续阅读的理由、确定文章的风格。

（三）反复修改

修改是写作过程中一个非常重要的环节。修改是一个再认识、再发现和再创造的过程。修改可以使文章的题目与写作目的及读者的要求更加吻合，内容更加完整，结构更加合理。文章修改的过程是一个梳理思想、整理文字的过程，是在写作基础上进行的再创作。初稿完成后，非常有必要对之前的酝酿和构思进行再审视，以检查主题是否鲜明，立意是否明确，思路是否清晰，结构是否合理，形象是否鲜明，比喻是否恰当，表达是否准确，等等。对于修改中发现的问题，则需要反复地推敲，以贴切地表现立意和主题。甚至有时把一篇文章推倒重来，重新安排其结构和组织语言。文章修改需要付出大量精力和心血，这些精力和心血有时并不少于创作过程。当作者把改好与没修改的文章做对比后，就会发现其中的进步，所以说，文章修改是写作过程中必不可少的工序。

第四节 高校英语口语教学

一、英语口语教学的理论基础

（一）口语表达的心理过程

口语表达是人类的口头交际形式，它既是人的发音器官的一种生理活动，同时又是一种复杂的心理活动。口语表达的心理过程，从信息加工理论的角度说，它的心理活动包括"编码传码"。编码，即说话人在说话动机的驱使下，用极简缩的内部语言确定说话的大致内容，接着将大脑中储存的词语、句子、语气选择出来，按照一定的语法规范组织起来，从而形成比较完整的内部语言，这就是编码的心理过程。传码，当说话人的内部语言组织完毕之后，说话人就会迅速地借助发音器官——呼吸器官、喉头和声带、口腔和鼻腔的协调运动，将内部语言转换成有声的外部语言，传达给旁听者，这就是说话传码的心理过程。

"编码—传码"这一过程,具有三个明显的心理特点。

1. **思维的敏捷性**

口语表达都是两个人或多个人面对面地交流,这样的情景使说话人不可能说说停停,停停说说,一般都是按逻辑,随语流,连续不断地把一件事或者一个问题说完,以免造成时间空当而冷场。这就需要说话人快速组织内部言语,快速从大脑词汇库中搜寻筛选出准确的、生动的、形象的词语,按照现代汉语语法规范造成完整的句子(编码),然后借助发音器官的活动清晰而流畅地富有感情地传达出去(传码)。这种瞬息之间的持续循环的遣词—造句—传达,就是口语表达"编码—传码"的敏捷性。

2. **思维的选择加工性**

口语表达总是要传达一定的思想内容或叙述一件事情,或介绍一个东西,或证明一个观点。但无论表达什么内容,都必须借助词语、句式、语气等。这就需要大脑从储存库中选择准确的词语、恰当的句式、合适的语气并按一定的规范把这些材料编辑成一个表意的句子,然后再传达出去。

3. **思维的零乱性和疏漏性**

无论阐述者的思维怎样敏捷,在现实的口头交际活动中,有时想(编码)是跟不上说(传码)的。这就造成了想与说之间的速度差,说话人为了弥补这种速度差,往往填充一些"啊、嗯、这个、那个"之类的语言杂质;或重说前面的内容,或补充前面的内容,致使传码结结巴巴、颠三倒四。由于编码需要快速反应,传码往往句子短,少修饰,有省略,有追加,使得表意不完整、不严密。

(二)影响说的因素

1. **心理因素**

口语表达是一个非常复杂的心理过程,要想使这一过程顺利高效地完成,需要讲话者处于轻松的、精力集中的状态下。而紧张、恐惧、焦虑等不良情绪都会影响口语产生过程的正常进行。

2. **文化因素**

语言是交际的工具,语言的使用是一种社会契约,在不同的文化中,人们在什么时间、什么地点、向什么人、用什么样的方式、讲什么样的话都有固定的规则习惯,所有外语学习者都需要学习并掌握这些规则,才能有效地使用语言进行交流。

3. 语言因素

语言是由语音、词汇、短语、句子和语篇构成的,足够的语言知识是口语表达的基础。尤其是要掌握一些常用的习语和句型。每种语言都有一定数量的习语和基本句型,它们往往是一些常用的特定意义的句子、短语或者单词,学习者要对它们熟记,而不必进行语法分析,这样可以在使用的时候张口就来,从而大大减轻口语产生过程的负担,提高口语的流利程度。

4. 背景知识因素

在听力教学部分谈到,学生知识面的宽窄会直接影响他们听力理解的能力,而学生熟悉的内容听起来会更加容易。同样,背景知识也会影响学生的口语表达。口语交际要做到言之有物,首先要求学生具备相关的知识。

语言结构知识——包括语音、词汇和语法,学生能够使用正确的单词,按照正确的次序排列,并发出正确的读音。功能——包括信息的传递与互动,学生能够知道什么时候表达清楚的信息,什么时候不需要精确地理解全部信息。社会文化规则与规范——包括话语的转换、讲话的速度、停顿时间的长短、参与者的角色等,学生需要知道如何在谈话时把谈话人之间的关系、具体的环境、谈话的主题和谈话的目的考虑在内。

(三) 会话结构

会话是阐述者与旁听者在同一时空内进行的有特定交际目的的言语行为,是日常言语交际里最常见的言语行为。所谓会话结构,简单地说,就是由会话前阶段、会话实施阶段和会话后阶段构成的完整结构。口语表达能力主要指参与会话的能力,因此,会话结构分析对于口语教学具有重要的指导意义。会话应有一个总体结构,用于不同目的、不同环境下的会话应呈现出不同模式。会话的总体结构通常被认为由开端、主体和结尾三个部分组成。

会话的特点是话轮转换,即发话者和受话者不断地交换角色。日常会话的基本结构单位就是话轮,构成话轮的语言单位可以是字、词、句子或更大的单位。会话中有一条潜在的规则,会话者自然地、无意识地遵守着这样的规则,即每次有一方在说话。会话中,每个人一次说的话称为一个话轮。话轮单位的特征包括:(1)能够预测它的终结位置;(2)能够在单位以内具体表明终结时邀请哪一个人接着说话。

二、大学英语口语教学的目标和原则

（一）大学英语口语教学的目标

英语口语是英语学习的升华，是英语语言体系中一种与时间、努力和付出成正比的基本技能，是一种需要不停地学习、训练，并结合实际运用才能掌握的能力。随着经济全球化的发展，中国对外交流日趋频繁，社会各界对口语好的专业人才的需求急剧上升。为了适应新形势的需要，《大学英语课程教学要求》对学生的口语表达能力提出了具体要求：

一般要求：能在学习过程中用英语交流，并能就某一主题进行讨论，能就日常话题用英语进行交谈，能经准备后就所熟悉的话题做简短发言，且表达比较清楚，语音、语调基本正确，能在交谈中使用基本的会话策略。

较高要求：能用英语就一般性话题进行比较流利的会话，能基本表达个人意见、情感、观点等，能基本陈述事实、理由和描述事件，且表达清楚，语音、语调基本正确。

更高要求：能较为流利、准确地就一般或专业性话题进行对话或讨论，能用简练的语言概括篇幅较长、有一定语言难度的文本或讲话，能在国际会议和专业交流中宣读论文并参加讨论。

（二）大学英语口语教学的原则

1. 尊重学生的主体性原则

口语课的成功与否在很大程度上取决于教师与学生定位是否准确。口语教学应把课堂的中心转移到学生身上，学生应该是教学的出发点，是教学活动中积极主动的参与者。保持学生的这种积极性和主动性是口语教学的关键。但从口语教学实践来看，尽管大部分学生对口语学习有高涨的热情和强烈的学习动机，但有的学生由于对口语课的特点认识不清，把握不准，导致在交际过程中一旦遇到困难，没有达到预期效果时，便会心灰意冷，甚至产生畏难情绪。这种情绪反过来又在某种程度上削弱学生的学习动机，挫伤其积极性，这就要求教师在教学过程中采取相应的措施去激发和保持学生的学习动机。因此，教师在教学过程中应保持教学内容的新颖性，课堂讨论的话题应该对学生具有吸引力。对于一些学生感兴趣的话题，学生讨论起来会更加积极主动。

在学生开展口语活动，尤其是自由表达时，教师纠正错误不宜过多，可采用互相纠错、全班纠正等形式纠正明显的基本结构错误。实际操练时，应以鼓励为主，避免语气生硬或言辞激烈，否则会挫伤学生的积极性。

2. 先听后说、循序渐进原则

听是说的前提条件，在交际活动中，听和说是相辅相成的两个方面。学生通过听获得知识信息，接触到大量的英语词汇，进而激发表达思想的强烈愿望。当具备大量的语言储备时，才会有真正意义上的口语会话，这也是大量听的必然结果，可见在听懂的基础上进行模仿，不仅能够加快反应，还能提高说的能力。遵循这个原则，可以在组织学生复述故事之前先让他们听懂情节，然后再抓大意、记细节，让学生互相提问，交换意见，最后形成用自己的话复述故事的能力。

3. 情景带动运用原则

语言的运用总是在一定的情景和场合下进行的，因此，从开始学习英语就要强调情景的重要性。情景是帮助学生理解的前提，也是指导学生正确使用语言的关键。设置相应的情景进行口语练习，可以检查学生是否恰当地使用所学的语言，也可以使学生学习在新的场景下创造性地运用语言。情景是多样的，也可以对不同阶段的学生在同一情景下提出不同的要求。只要开动脑筋，情景便是丰富多彩的，所以针对每个情景所需要完成的任务也是多种多样的。

4. 内外兼顾、多样化原则

兼顾的原则是指不仅要注重课堂，还要兼顾课外。英语课外活动是英语课堂教学的延伸，是课堂教学的补充，是让学生复习、巩固与提高所学知识，教师应为学生提供各种语言环境，创造用英语进行交流的条件，并指导学生在不同场合运用所学语言材料进行正确、恰当、流利的口语操练。比如，组织英语角、竞赛，或根据自由组合原则编出课外活动小组，安排小组活动，等等。另外，在英语课后作业上，教师可以让学生结成学习搭档，培养学生说口语的兴趣，利用一切可能的机会巩固和提高学生的口语能力。

在实际教学过程中，教师不仅要运用多样化的教学手段，还应该运用多样化的教学方法，口语课应该是轻松愉快的，教师根据学校的教学设备，可运用多媒体等手段，让学生通过原味英语提高自己的口语水平。同时，根据每堂课不同的教学目标，运用不同的教学方法。在学生开口说的基础上，教师应该注重训练他们说话的流利性，并在语言的规范性、语音语调的正确性上有更高的要求，给他们创造实践的机会。

三、英语口语教学的模式

（一）一般模式

一般模式通常包括四个阶段，即背景铺垫（学生听）—布置任务（教师说）—执行任务（学生说）—检查结果（教师说）。

第一阶段是引导阶段，这个阶段可以采取不同的形式，可以让学生阅读资料或观看实物与画面等。至于听力材料的选择没有统一的要求，可以是教师朗读文章或讲述故事，也可以是听录音资料。事实上，无论学生听的形式怎样，也无论听到的内容是什么，其目的都是为学生将要执行的任务创造情境、提供背景信息。

第二阶段即教师布置任务阶段，此阶段的目的是为学生的"说"确立目标，制定方案，组织活动。第二阶段的过程虽然很短暂，却是为第三阶段服务的很重要的一部分，并为第三阶段顺利进行奠定基础。

第三阶段就是执行任务，即学生"说"的阶段，是整个口语教学的重点。在这一阶段，教师要尽可能地保持沉默，尽量不要干预学生说话，不要占用他们的时间。让学生进行口语练习，重要的是让学生开口说话，而不是评价学生说对了几句英语。另外，教师也要控制好这个阶段的活动时间，最佳的活动时间应大约占整个活动时间的80%。

第四阶段主要是教师检查任务的完成情况，其主要目的是对学生的口语活动进行及时的总结，指出活动的不足，提出必要的建议等。

（二）3P模式

3P模式就是把课堂教学划分为三个环节依次进行，这三个环节是展示、练习、表达。这是目前世界上运用最为普遍的第二语言教学模式，在英语教学界也是如此。

在展示阶段，教师把新的语言项目通过解释、示范、举例、角色扮演等方式向学生介绍，包括语法、句法、会话技巧、功能等，使新内容在真实的语境中进行，而不是脱离上下文孤立地呈现句子或语法规则。在呈现过程中，教师要集中学生的注意力，并检查他们是否听懂、理解新的语言点。在这一阶段要确定课堂的教学目标和教学内容。

在练习阶段，教师为学生提供各种机会，让学生采取句型操练等多种形式展示内容，练习的程度也是由易到难，循序渐进。教师对活动的引导也是由控制到半控制，逐步增强学生的自主性。这种有控制操练的目的是训练学生使用语言的准确度。

在表达阶段，教师给学生提供机会，将其新学到的语言知识和交际技能融入已有的知识之中再进行综合使用，使学生可以在自己语言能力范围内自由地运用语言进行交际。这一阶段可以增强学生的成就感，使其对口语学习产生浓厚的兴趣。

该教学模式以强化语言知识技能、提高语用能力、注重语言的准确性和流利性为目标，引导学生积极参与、合作探究。这三个阶段教学程序清楚、明确，并且各阶段也都有中心目标，在注重准确性的同时把流利性放到重要位置。在具体教学中，以其实用性、实效性以及可操作性，赢得广大英语教师的青睐。然而也有人对3P模式持否定态度，他们对于三个阶段之间的内在逻辑性，以及准确性向流利性过渡的可靠性持怀疑态度，认为该模式过度强调准确性，大大限制了学习者广泛接触外语的机会，并且缺乏有意义的语言运用功能，并没有实现真正意义上的交际。

（三）任务型教学模式

以任务为中心的语言教学思路是近20年交际教学思想的一种发展形态，它把语言应用的基本理念转化为具有实践意义的课堂教学方式。任务型教学反映出外语教学目标与功能的转变，体现了外语教学从关注教学法转变为关注学法，从以教师为中心转变为以学生为中心，从注重语言本身转变为注重语言习得。采用任务型教学是改革英语口语教学的一项重要措施，其让学生通过完成一定的任务学习英语知识，提升技能，充分发挥学生的自主学习意识，调动他们学习的积极性，提高学习效率。

在大学英语口语任务教学中，决定教师教学效果的重要因素之一就是对任务活动的设计。为此，在设计任务时一定要结合教学内容的特点，明确教学目标，并采用多样化的教学手段，以提高学生的学习兴趣。一般来说，任务的实施分为以下几个阶段。

1. 任务前期阶段

例如，在学习有关新闻的知识时，用一篇当下比较热点的文章进行教学，通过文章的内容来提升学生的学习兴趣。在学习过程中要将更多的主动权交给学生，为此，在设计任务时，先让学生对提供的新闻知识有初步的了解，然后再让学生利用网络等方式来自主学习相关的知识。在自学过程中可以让学生留意自己感兴趣的新闻话题。然后在课堂上让学生进行交流，交流的过程中学生可以相互质疑问答。通过这种方式让学生更好地应用英语进行交流表达。

在学生自主学习相关知识时，也可以让学生通过小组合作的形式解决学习中遇到的问题。为了促进学生之间的交流合作，完成任务的过程是以小组为单位展开的，学生在小组中增强彼此之间的情感交流。在完成任务的过程中，当遇到有挑战性的问题时，可以采用抢答的方式进行学习，通过这种方式能够提高学生分析问题、解决问题的能力。

2. 基本任务

对学生进行英语口语训练时，可以将学生分成不同的学习小组，可以按照学生的口语基础，也可以按照学生的专业划分小组做任务。这样学生在做任务的过程中就能够根据自己小组的特点来分析任务，编制计划。

学生在做任务时，有的首先会利用课本找出其相应的答案，也有的学生由于其知识丰富会很快解决问题。当学生以小组为单位完成任务时，教师可以让小组代表阐述任务的解决方法，然后将一些重点问题投射到大屏幕上，让学生意识到在口语表达中应注意的问题。

3. 拓展任务的设计

在教育教学中根据任务的实施方案，可以将学习任务设置为拓展型的任务，这主要是为了培养学生的口语表达能力。教师通过问题的形式让学生寻找答案，再让学生对自己的答案做出合理的解释，这样学生的任务才算真正完成。学生要对自己的答案做出合理的阐述，阐述内容包括对该问题是如何思考的，给出这个答案的依据是什么，等等。通过这样的阐述培养学生的口语表达能力。

拓展型任务也可以通过小组合作的方式完成。在合作的过程中，让小组成员把自己的答案先列举出来，然后小组成员以投票的方式选择自己认为正确的答案，同时要对自己选的答案给出合理的理由并加以解释。

4. 任务后期阶段

这个阶段根据学生对知识的掌握情况，教师应对教学进行查漏补缺，对所教授的知识内容进行总结。总结的过程还要引导学生积极参与，可以结合教学要求给学生设定相应的任务，组织学生以小组合作的方式完成。

在做任务的过程中,让学生能够根据自己的想法表达观点,与同学讨论相关的知识。这样既能够锻炼他们的口语能力,还能够加强小组成员之间的情感交流。

5. 实践部分的讨论

任务教学模式的应用需要为学生创造做任务的情境,学生在任务情境中通过小组合作的形式学习相应的知识。通过完成任务,学生不仅能够学习到相关的知识,还能够加强小组之间的交往互动。在做任务的过程中,教师要注意对学生学习时间的控制,要给学生充足的时间来分析任务、了解任务。

另外,在设计任务时,教师要考虑到教材内容和现实生活之间是有一定差距的。任务设计要充分考虑学生在完成任务时可能出现的各种情况,尽可能让学生主动地参与到学习过程中,鼓励他们开口运用所学知识与人沟通交流,进而提升他们的口语表达能力。

6. 完成任务后的评价

对学生任务完成情况的评价要从公平、公正的角度出发,以促进学生学习的积极性为目的。评价要结合学生在完成任务过程中所表现出的学习态度、与人合作沟通的能力等方面,要从多角度做出全面、科学的评价。

(四)"Let's"教学模式

"Let's"教学是英语口语教学中常见的模式,包括诱发兴趣(leading)—激发兴趣(exploring)—聚焦难点(trumpeting)—交流发现(sharing)四个教学环节。如何在这个教学环节中激发学生兴趣,充分调动学习的积极能动性,有效进行英语口语教学训练,则是值得认真研究探讨的问题。兴趣又分为直接兴趣与间接兴趣。直接兴趣是不因需要而产生的兴趣,其容易使人满足,却难以持久,不利于培养意志力和获得系统的知识。但其情感性强,吸引力大,短期效果好。间接兴趣是因需要而产生的兴趣,它理性强,靠意志力可以维持较长的时间,有利于培养学生同困难作斗争的精神并获得系统的知识,但这种兴趣吸引力差,容易使人疲劳。这两种兴趣是可以互相转换的,当一个人觉得他现在或将来需要某种知识技能时,就会把兴趣转移到那上面去,这是间接兴趣;当学习进一步深入,对这种知识的了解日益加深,对这种技能日趋熟练,那么,他的兴趣就不仅仅是因为需要,还因为这种知识或技能本身,这又是直接兴趣。从质变宏观的角度看,这种转化需要经过较长时间的培养积累;而从量变微观的角度看,这种转化随时都在发生。这就告诉我们,英语口语的"Let's"教学的四个环节中,应不断交替使用直接兴趣与间接兴趣,运用各种教学方法手段,不断诱发、激发、激活、延伸学习兴趣,让学生自始至终都在趣味盎然中学习,从而优化课堂教学,有效提高教学质量。

1. 诱发兴趣

诱发兴趣环节是有效导入新课的环节,主要是诱发学习兴趣,创造良好的课堂气氛,确定一堂课基调的开端。教师要结合学生的生活或学习经验,创设有主题的情境,以诱发学生的好奇心和学习动机。在这一阶段,教师把与话题有关的环境以及思维的方向提供给学生,并把所要学习的新知识与学习者已有的知识结构建立某种联系,使学生有想说的强烈欲望,并满怀兴趣和期待地开始新课的学习。好的开端是成功的一半。心理学研究表明,一堂课的开始,学生的思维不受前摄抑制的作用,留下的印象最为深刻,因此教师必须利用这一规律设计好新课导入。导入是一门很讲究的艺术,好的教师常常反复推敲设计一个好的导入,以诱发学生探究新知的兴趣。一个好的导入常常达到旗开得胜的最佳效果。在诱发兴趣的环节,往往采用简介法、悬念法、引用法等导入新课。

(1) 简介法

简介导入是通过对课文的作者、背景,或课文的内容提要介绍导入新课,以此诱发学生对口语阅读材料的兴趣。由于时空,尤其是地域的阻隔,会给学生阅读造成困难。那么可以从简介、作者和其所处的背景入手,为学生解决一些阅读理解难题,从而诱发学生阅读与口语练习的兴趣。在《新编大学英语(第二版)》第一册 Unit 5 Do Animals Have a Culture? 一课开始前,可通过网络、报刊等对动物是否拥有文化这一内容的报道,例如介绍山雀是如何打开瓶盖喝牛奶、猴子也爱泡温泉等内容,引发学生的学习兴趣。假如要求学生在课外查阅资料,能在课堂上把作者、背景,或课文的内容提要由学生自己介绍导入新课,将会收到一箭双雕的教学效果。

(2) 悬念法

悬念导入是根据内容巧设问题,造成渴望寻求的心理状态,把学生的注意力引入一个特定的问题之中的一种导入形式。悬念是一种兴奋剂,教师根据教材的内容巧设悬念,能勾起学生强烈的破疑欲望,以此诱发学习兴趣,积极思考。如在讲授第一册 Unit 6 The World of Mystery 时,教师可以这样引导:一提到百慕大时,许多人都知道,那么，百慕大究竟是因为什么出名呢？是因为它美丽的海岛风光呢，还是因为它的恐怖和神秘呢？由此诱发对百慕大的兴趣，教师再设置悬念，学生即投入到对百慕大神秘失踪案的思考之中去，思考的结果也正是课文要重点学习的内容。

（3）引用法

引用法是引用已学诗文、名言警句或与所讲课文中精妙句段导入新课，以此诱发阅读兴趣。如：在讲授第二册 Unit 5 Dreams 时，可引用美国著名作家兰斯顿·休斯的诗歌 Dreams 导入，通过朗诵、教师讲解启发，学生被诗的意境所感染，激起情感波澜，从而诱发学习兴趣。又如引用成语或谚语导入新课，也会使课堂活跃，助长学生的学习兴趣。如 More Than Words 一课，联系与身体相关的谚语：Better the head of an ass than the tail of a horse.（宁为鸡头，不为凤尾。）……这样不仅诱发了学习兴趣，还为说写积累了语言素材。

2. 激发兴趣

激发兴趣这一环节，主要是教师创设情境，与学生一起探索和发现新知。运用文本材料，如听力部分与对话部分，把两大块教学内容整合在一起，用一条线把它们串起来，这条线可以是某个话题、某个场景，也可以是某个人物、某个地点。在这一步骤中，最重要的是如何设计形式多样的活动，激发兴趣，从而让学生真正动起来。比如，学生以相互辅导或小组自由组合的形式，由教师设计一个个的小任务构成任务链并让学生完成任务。这种形式可以使所有学生都有机会练习口语，并且在与同伴的交流中可以刺激学生认知的发展，同时促使学生合作式学习，利于培养互助协作的团队精神。教师在设计活动的过程中，要遵循四个原则：联系学生实际时效性原则、结合学生生活真实性原则、实现学生实践交际性原则、运用间接兴趣激发学生探究新知的兴趣原则。此环节往往采用情境法、游戏法、直观法来激发学生的学习兴趣。

（1）情境法

情境法，就是创设情境、渲染气氛，使学生身临其境，直观感受，迅速把学生带到充满丰富的感情色彩的文章中去，以此激发学生的阅读与口语学习兴趣。情境法注重对学生情感的挖掘，通过极富感染力的情境使学生入情、移情、陶情。情境教学可从图画、音乐、电视、模型等多方面入手创设情境。

（2）游戏法

游戏法是根据学生心理、生理特点和课文内容，采用游戏活动来激发兴趣，让学生在轻松愉快的气氛中学习口语。比如在讲授第一册 Unit 9 Holidays and Special Days 前，根据单元主题——中国和西方英语国家的节日，要求学生分别查询和收集中国传统节日与西方英语国家节日的相关资料，课堂上由学生自己组织活动，通过中外节日知识抢答、演唱、朗诵、表演、课件展示等游戏活动或表演节目，有效激发学生的口语表达兴趣。由于活动是根据要求和角色精心设计的，所有学生都直接参与到活动中来，可以有趣而传神地进行理解表达，就会收到事半功倍的教学效果。

（3）直观法

直观法是利用挂图、板画、实物、演示、影视等，激励学生阅读与口语学习兴趣的方法。学生未见过或不熟悉的陌生事物，可以让学生直接感知，以吸引学生的注意力，从而激发学习兴趣。如利用地图进行情景对话或者直观板画板书演示并配合语言，可以让学生迅速融入浓厚的学习气氛之中，就会兴趣盎然地进行学习。

3. 聚焦难点

该环节是指抓住本节课的重难点内容，对输入的有效信息进行个性化处理、加工。

4. 交流发现

课程标准要求英语教学为学生的全面发展和终身发展奠定基础，要求教师为学生提供自主学习和相互交流的空间，鼓励学生通过体验、实践、讨论、合作、探究等方式，发展综合语言能力，创造条件让学生探究他们自己感兴趣的问题并自主解决问题。

综上所述，我们在英语口语的"Let's"教学模式中，改变了以教师为整堂课的核心，学生只是聆听者的口语教学模式。而是以学生为中心，以激发兴趣作为一种教学手段，在教学的四个环节中，不断交替使用间接兴趣与直接兴趣，不断诱发、激发、激活、延伸学习兴趣，始终让学生在轻松愉悦的课堂氛围中兴趣盎然地学习训练英语口语。德国教育学家第斯多惠说："教学的艺术不在于传授的本领，而在于激励、唤醒、鼓舞。"教师千方百计地激发学习兴趣，调动学生学习英语口语的积极性，激发学生的热情，使之主动在实践、参与、体验、合作、交流中学习练习口语，掌握正确的学习方法，变被动学习为主动学习，有效开发学生的潜力。学生在动机驱使下，由原来被动、消极的心理转化为主动、积极的实践。另外，教师从学生"学"的角度设计教学活动，使得学生无论在哪一个环节，大脑都始终处于一种激活状态，学生获得的不仅是语言知识，更重要的是在有趣的学习中获得了运用语言的能力。总之，随着口语学习不断深化以及学生自身语言能力的不断提高，学生更能使用外语灵活而富有创造性地表达自己的思想。

四、英语口语训练的策略

大学英语口语教学的根本目的是帮助学生提高习得语言的能力，使其能够运用所学语言进行跨文化交流。因此，教师要有计划、有目的地开展多种口语训练活动，以拓展学生运用英语交际的思维。

（一）开展日常口语会话

学生要熟练掌握日常口语会话，就必须掌握范围广阔的、基本相当的日常用语，以服务于交际目的。如怎样问路与指路；怎样发出与接受邀请；怎样抱怨与安慰别人；怎样表达喜恶、赞同与异议等。这些问题看似简单，但由于中西文化及语言的差异，很多学生不知如何应付这些问题。这就要求教师在单元学习的基础会话部分将学生感到困难的关键句列出来，然后将学生分组设计情景、组织对话，并反复实践，让他们对自己使用不当或不得体的语言进行改正并逐步加深印象。

（二）模仿

模仿对于口语练习是十分重要的。教师可以选取一些地道的英语原声材料让学生模仿，通过对不同的语气语调句型的模仿练习来提高口语能力。利用课堂时间让学生听录音来模拟听说，并要求学生课后多找些英语范文进行创造性的模拟，范文提供给学生所要学习的标准英语，以范文的基本结构为基础，鼓励他们对范文的内容稍加修改，加入自己的观点。

（三）复述

复述是口语训练中较为常见，也是比较简单的形式。复述可以用不同的人称、时态、语态来表达所学的内容。在讲授课文之后，教师可以按照故事情节提供重点词，或以时间顺序、类别等为线索画成表格，或把文章主要内容以问题的形式出示，引导学生复述。这种复述的方法不同于背诵原文的枯燥乏味，是变消极的死记硬背为积极的思维训练。这样，学生在复述时就不会感到吃力，既可以掌握课文中的句型和语法，又可以锻炼对所学知识的运用能力和语言的交流表达能力。

（四）讨论

通过组织多种形式的课堂或课外的讨论活动，适时地引导学生对各种题材进行会话，既增加了学生的学习兴趣，逐步提高了学生对语言的驾驭能力，又活跃了他们的思维，扩大了知识面。目前，我国大多数学生需要口语输出时，讲的多是零星片语，并没有形成有序的逻辑主体。其主要原因是缺乏联想与想象方面的训练，并不知道应该从多角度、多层面进行剖析，所以教师在教学过程中应通过循序渐进的形式积极引导他们对每一个会话题材进行横向和纵向的分析。

（五）正确对待口语训练中的错误

学生在口语训练中出现各式各样的错误是正常现象，教师要宽容，学生出错不要紧，关键是如何对待这些错误，什么错误应该纠正以及什么时候纠正，这些都需要教师掌握好尺度。英语口语过程是个交际过程，我们的目的是鼓励学生开口，那么在纠错方面，对交际造成很大影响，或许说干扰了交际的全局性，导致交际被误解的错误应及时予以纠正。这里纠正的是错误语句，而并非单个词语或词组的使用不当，因为这些局部的错误在第二语言习得的过程中，随着学生自身语言能力的不断提高会逐步消失。教师在纠正学生错误时还应掌握时间，在学生表达个人见解的过程中不要打断。如果停下来纠错，势必会打断学生的思路，破坏其思维的连续性，导致交际失败，从而增加学生的心理负担。教师的反馈应多从积极、鼓励的层面进行，从而激发学生口语学习的兴趣，那么英语口语教学质量将会有质的飞跃。

第五节 高校英语翻译教学

一、翻译的原则和方法

（一）翻译的原则

美国语言学家、翻译理论家奈达提出，具体翻译过程中应该遵循三个原则。

1. 上下文一致优先于词语一致

单词的含义涉及不同的"语义域"而不是"语义点"。一个词通常有多种意义，在不同的语言中，相应的语义域不完全相同，因此要在译语中选用正确的词语来翻译原文，必须主要考虑上下文的一致，而不应拘泥于词语的一致，即不应总是要求译文和原文字字对等。

2. 动态即功能对等优先于形式对应

奈达从读者的角度研究翻译，因此注重译文是否能为读者所理解。衡量的标准不在于译文中所用的词语能否被理解，句子是否合乎语法规范，而在于整个译文使读者产生什么样的反应。所谓"动态对等"，是指译文读者对译文的反应等值于原文读者对原文的反应。当然，这种反应只可能是基本一致，而达不到完全一致，因为译语和源语的文化和历史背景之间存在着很大的差别。

3. 语言的口头形式优先于书面形式

语言的书面形式和口头形式并不完全一致。有的语言以书面形式呈现比较优美，但流于口头时可能难于理解。因此，译者要注意以下问题：一是尽量不使用含义模糊或容易引起误解的语言翻译；二是尽量不使用容易引起误解的发音和语序；三是尽量不使用粗俗的词语；四是尽量避免译文超载，力求简洁明了。读者的需要优先于传统的语言形式，应照顾主流读者群，使用现代大众语言。

（二）翻译的方法

1. 直译和意译

谈到翻译方法，人们自然会想到直译和意译。无论中外，两千多年来的翻译史都是一部直译和意译此起彼伏、交相辉映的历史。人们对直译和意译的定义和二者的界限一直存在着不同的理解。朱光潜认为直译近似于"逐字翻译"。茅盾认为，直译并非"字对字"，而是"不要歪曲了原作的面目，要能表达原作的精神"。鲁迅提倡直译，而反对硬译。例如"to shed crocodile tears"，直译可以译为"流鳄鱼眼泪"，意译可以译为"假慈悲"。

2. 归化和异化

纵观中外翻译史，归化和异化早有人以不同的名目涉及，由于翻译这种语言活动和文化、社会等外部因素有着千丝万缕的联系，从历史的角度看，归化和异化可以视为直译和意译的概念延伸，但又并不等同于直译和意译。直译和意译所关注的核心问题是如何在语言层面处理形式和意义，而归化和异化则突破了语言因素的局限，将视野扩展到文化和美学等领域。美国著名翻译理论学家韦努蒂认为，归化法是"把原作者带入译入语文化"，而异化法则是"接受外语文本的语言及文化差异，把读者带入外国情景"。归化翻译要求译者向目的语的读者靠拢，译者则需要像本国作者那样说话，原作者要想和读者直接对话，译作必须变成地道的本国语言。归化翻译有助于读者更好地理解译文，还有助于增强译文的可读性和欣赏性。异化在翻译上就是迁就外来文化的语言特点，吸纳外语表达方式，还要求译者向作者靠拢，采取相应于作者所使用的源语表达方式，来传达原文的内容，即以目的语文化为归宿。使用异化策略的目的在于考虑民族文化的差异性、保存和反映异域民族特征和语言风格特色，为译文读者保留异国情调。例如"to kill two birds with one stone"，"一石二鸟"是异化译法，"一箭双雕"和"一举两得"则是归化译法。

3. 作者中心译法和读者中心译法

德国神学家、语文学家和哲学家施莱尔马赫认为，理解原作的语言精神和独特的思想方式绝非易事。由于语言受到原作者的教育、知识、想象力等的限制，译者要充分表达原文的思想神韵更是难上加难。译者的任务主要是缩短原文作者和译文读者之间的距离。因此，施莱尔马赫指出，要帮助译作的读者在不脱离本族语的情况下正确而完全地看懂原作，可以采取两种途径：一种是译者可以"不打扰原作者而将读者移近作者"，另一种是"尽量不打扰读者而将作者移近读者"。第一种是以作者为中心的译法，译者通常弥补读者对原文认识的不足，把自己通过对原作者的认识而取得的意念和印象传达给读者，将读者移近译者的视点，从而使读者根据译者提供的语言形式，尽自己最大的努力去理解原作的真正含义。第二种做法是以读者为中心的方法，译者假设原作者可以用其谙熟的译语来流畅地表达自己的思想，翻译的目的是使外国作家像本国作者那样写作和交流。

二、大学英语翻译教学的目标

作为外语教学的一部分，英语翻译教学旨在传授基本翻译知识及常用技巧，通过反复实践培养学生的翻译能力。以翻译知识为先导，英汉语言对比为基础，翻译技巧为主干，通过讲解、范文赏析、译文对比、练习和讲评等方式为学生打开思路，提高其双语转换能力，使学生掌握大纲规定的必要的翻译知识与技能。与此同时，《大学英语课程教学要求》也对学生的口语表达能力提出了具体要求：

一般要求：能借助词典对题材熟悉的文章进行英汉互译，英汉译速为每小时约300个英语单词，汉英译速为每小时约250个汉字。译文基本准确且无严重的理解和语言表达错误。

较高要求：能摘译所学专业的英语文献资料，能借助词典翻译英语国家大众性报刊上题材熟悉的文章，英汉译速为每小时约350个英语单词，汉英译速为每小时约300个汉字。译文应通顺达意，理解和语言表达错误较少，还能使用适当的翻译技巧。

更高要求：能借助词典翻译所学专业的文献资料和英语国家报刊上有一定难度的文章，能翻译介绍中国国情或文化的文章。英汉译速为每小时约400个英语单词，汉英译速为每小时约350个汉字。译文内容准确，基本无错译、漏译，文字通顺达意并且语言表达错误较少。

三、大学英语翻译教学模式

翻译教学过程中，可以采用多种教学模式，包括基于语料库的翻译教学模式、人本主义翻译教学模式、过程式翻译教学模式等。

（一）基于语料库的翻译教学模式

语料库中存放的是在语言的实际使用中真实出现过的语言材料；语料库是以电子计算机为载体承载语言知识的基础资源；真实语料需要经过加工（分析和处理），才能成为有用的资源。语料库是语料库语言学研究的基础资源，也是经验主义语言研究方法的主要资源，常应用于词典编纂、语言教学、传统语言研究、自然语言处理中基于统计或实例的研究等方面。

语料库有多种类型，确定类型的主要依据是它的研究目的和用途，这一点往往能够体现在语料采集的原则和方式上。有人曾经把语料库分成四种类型：（1）异质的——没有特定的语料收集原则，广泛收集并原样存储各种语料；（2）同质的——只收集同一类内容的语料；（3）系统的——根据预先确定的原则和比例收集语料，使语料具有平衡性和系统性，能够代表某一范围内的语言事实；（4）专用的——只收集用于某一特定用途的语料。除此之外，按照语料的语种，语料库也可以分成单语的、双语的和多语的。按照语料的采集单位，语料库又可以分为语篇的、语句的、短语的。双语和多语语料库按照语料的组织形式，还可以分为平行（对齐）语料库和比较语料库，前者的语料构成译文关系，多用于机器翻译、双语词典编撰等应用领域；后者则将表述同样内容的不同语言文本收集到一起，多用于语言对比研究。

适用于翻译研究的语料库可以分为平行语料库、对应语料库等。平行库与对应库主要用于翻译与语言对比研究。这两种语料库均有其自身的特点，其使用目的也不相同。平行库可用于探索"同一内容是如何用两种语言表达的"。但如果对比研究中只用平行库，结果可能就不可靠，因为译文不可避免地带有原文的烙印，即"翻译腔"。而对应库由于其子库抽取的是不同语言的母语文本，就避免了翻译腔。正因为如此，对应库也就不具备平行库在翻译研究方面的优势。再者，对于开发机器翻译（MT）及机助翻译（CAT）之类的应用软件来说，对应库也不如平行库那么有用。然而，对应库是语言对比研究的重要资源，而且和平行库一起使用时同样有助于翻译研究。但要注意的是，如果一个对应库中代表不同语种的子库的抽样框有较大出入，那么该语料库对语言对比研究的价值就会大打折扣。

基于语料库的翻译研究大致可分为理论性和实践性研究。就翻译理论而言，语料库主要通过探讨某种意思如何从一种语言转换成另一种语言，通过比较译文和对应母语中的语言特征及其出现频率来研究翻译过程。就翻译实践而言，语料库为培训译员提供了工作平台，同时也为开发机器翻译及机助翻译之类的应用软件打下了基础。

首先，平行库为研究某种意思如何从一种语言转换成另一种语言提供了宝贵的资源。例如，Xiao & McEnery 用一个英译汉的平行语料库（约26万个词）研究了英语中的时体意义是如何在汉语中表达的。研究表明，虽然英语和汉语都有进行体，但进行体在这两种语言中的用法范围并不一致。尽管进行体在英语中最典型的用法也是表示某情状正在进行（如 John is singing），但它还有其他一些特殊用法并不与进行体的定义相称，如表示暂时的习惯或反复性情状（如 I'm taking dancing lessons this winter），表示预期发生的将来事件（如 We're visiting Aunt Rose tomorrow），以及用于增强感情色彩的习惯用法（如 I'm continually forgetting people's names）。在汉语中，进行体标记"在"只表示动态情状正在进行。因此，在英语原文中使用进行体的情状在汉语译文中只有58%带进行体标记"在"或持续体标记"着"（显性或隐性标记）。

Laviosa通过比较母语作者写的英语记叙文和英译记叙文，就会发现译文在词汇使用方面有四大特征：实义词与功能词之比较低，高频词与低频词之比较高，最常用词重复率较高，最常用词变化较少。其他研究也表明，除了用词以外，译文的特征是名词化、简单化、明确化（即更加连贯）和净化（即消除字里行间的意思）。

上述研究表明，翻译腔在译文中出现是在所难免的。原文对译文的影响之大足以把译文看作是有别于目标语的"第三代码"。因而，使用单向翻译的平行库进行语言对比研究并不可靠，而改用双向翻译的平行库则可使该问题大大缩小，因为双向翻译能使翻译腔在某种程度上得到中和。从这个角度来看，双向平行库为翻译研究和语言对比研究架设了桥梁。

就翻译实践而言，由于一般认为语料库可用来提高语言及文化意识，因此它们就为译员和翻译专业的学生提供了一个工作平台和参考工具。在这方面，即使是单语种语料库也很有用。与单语种语料库相比，对应库对翻译研究的价值更大，在这方面，对应的专门语料库对特定领域的翻译特别有用，因为翻译此类文本时，译者对这类语言通常就像对外语一样生疏。研究表明，把外语翻译成母语时，参照对应库核对有关翻译问题能够帮助译者提高表达能力，而且译文中的错误也会相应减少。把母语译成外语时，对语料库工具的需要就成倍增加，而且语料库的用途也远远不止是核对母语中的理解难点。

基于语料库的翻译研究已经取得了显著的研究成果，这种方法具有明显的优势。它使翻译研究从最初小规模的、人工的，并且局限于个别文本类型的研究变成了大规模的、系统的、可以比较的和目标明确的研究；更重要的是，它把零星的、缺乏说服力的研究变成了能够解释趋势与例外的丰富的研究。然而，用语料库进行翻译研究也存在一定的局限性。因此，我们在注重语料库数据分析的同时，也要结合文本所处的语境等其他因素，对语料库中的用法模式进行功能比较和描述，更好地发挥语料库在翻译研究中的优势。

(二)人本主义翻译教学模式

人本主义教学模式是基于罗杰斯提出的系统的人本主义学习理论,主要包括以下内容:第一,学习对学生来说应该是一件身心愉悦的事情,应该享受的是从学习中所获得的满足感,而不是学习所带来的功利性;第二,教师不应只是知识的传播者,还更应加强对学生的人文关怀,从而推动他们的学习积极性并及时关注他们在学习中出现的心态变化和情感波动;第三,教师在课堂的角色是辅助者、支持者,而不是绝对的权威。

在人本主义教学模式下,教师的角色和参与度发生了变化,在教学过程中,教师不是课堂的操控者,而是应该积极融入学生当中,成为教学过程的引路人。学生应该成为课堂真正的主体,去追寻知识的本质,探究信息的真相。学生是学习的主体,教学应当以最大可能服务于学生的学习。翻译课程应该是建立在学生实际能力之上,结合学生兴趣特点并具有鲜明时代特色,并为最终打好语言基础、提高学生翻译能力与综合素质服务的学科提供帮助。人本主义翻译教学模式的实际运用主要体现在以下方面。

1. 教师的支架作用

在翻译教学过程中,教师应该起到课堂教学的支架作用,即在教师的引导下,学生进行自主学习。让学生充分意识到他们才是学习过程的主宰者,并充分享受学习带来的乐趣。实际操作如下:

首先,在翻译教学内容的使用上要与时俱进,有针对性地去选取那些符合学生兴趣和实际翻译能力的内容。虽然教材的选取和教学内容的选择充分依赖于授课教师的主观思维,但是在人本主义教育思想的引导下,教师在收集、编写和设计相关翻译材料的过程中应充分考虑学生的意愿,尽量选择那些能促使学生发挥认知潜力的内容。就学生翻译能力培养的角度而言,学生在工作岗位上接触最多的就是应用类型的翻译文本,例如法律翻译、科技翻译、商务翻译等。而目前所使用的大部分教材,都是以文学材料的文本为主,其他类型的并不多见,那么教师在课堂讲解中就要通过多种方式来丰富课本的素材,尽量拓展学生的知识面。选择那些和学生需求息息相关的文本材料,让学生对它们有认同感、响应度。当然,教师在这方面要起到严格的把关作用,因为学生更乐于选择那些娱乐性强、他们认知度最高的材料，而往往这些材料更偏重于非正式文体，用词简单，结构单一，不能达到翻译学习的目的。教师切记不可放任自流，要事先有设想，一切以提高学生翻译能力为根本目的。

其次，在教学方法的使用上要多元化。传统的翻译教学观就是教师拿着参考译文在课堂上对学生译文的一个纠错训练，其本质就是语言训练，然而翻译能力的训练不应该只着眼于语言层面，更重要的是要让学生具有合理的翻译思维，并且架构正确的翻译模式。对翻译这门实践性极强的课程来说，仅靠教师的言传身教是远远不够的，应该借用现代化教学手段来提高教学效率和教学质量。其中，基于语料库的翻译研究是不错的选择。我国翻译理论家廖七一认为："语料库不仅拓展了翻译研究的思路，同时也为翻译研究提供了更加客观、科学的研究方法，能更加有效地揭示语言的结构、语法、词汇的特征，分析译者语言习惯、语言的行业偏好，连贯形式、主位—述位结构，客观地阐释社会、文化和观念对翻译文本的影响。此外，翻译英语语料库能快捷、可靠地发现和分析一定历史文化中的翻译规范，分析性别差异等对翻译策略和手法的制约，同时还有助于探索翻译的普遍规律。"由此可见，这种借助于计算机的翻译研究模式，打破了传统的纯粹技巧训练的方式来看清翻译的本质。要想真正提高翻译能力，唯有真正实现教学的自主性和开放性，使教学形式更加多元化，才能促进学生学习的主观能动性。

2．教师的评价模式

在教学活动中，教师和学生之间应该积极互动，是全方位的情感交流和沟通。学生不仅仅是信息的接受者，而且是和教师同样享有话语权的课堂主体。教师在课堂上不应该只是正确与否的评判者，而应该是积极学习心态的创建者。

首先，课堂教学中多给予学生肯定性评价语。在传统翻译教学模式中，教师的话语就是绝对权威，教师所提供的译文就是最完美的答案。学生基本丧失自主能动性，完全依赖于教师的讲解。事实上，翻译没有绝对正确的答案，译本会随着时代的变迁，在不同译者眼中得出不一样的解释。翻译课堂教学也是如此，教师不应该只关注于所谓的翻译答案，更注重的应是在教师的引导下，学生如何找出翻译文本的难点和重点以及主要解决的问题，从而促进学生的思维能动性。那么，教师应在课堂上营造自由讨论的气氛，鼓励学生在课堂上以小组为单位，各抒己见，并派代表做最后的陈述发言，在不同小组陈述完毕后,教师带领大家对不同阐释做总结说明,指出大家分析问题的思路的合理性,并最终由大家做出最佳的选择。在把学生的思维模式放在教学评价主体后,大家就会通过反思对课堂已学知识进行自我评价,找出语言现象之外的更深层次的东西,从而更好地指导自己的翻译实践。

其次,课后练习鼓励学生积极进行相互评价。翻译课程的本质就是翻译能力的培养,而翻译能力的培养依赖于翻译实践。由于各方面条件的限制,在课堂上进行的翻译训练是远远不够的,所以教师就要采取多种形式加大课后练习的数量和质量,并借助多媒体手段对学生的译本实行多重评价,把其他同学的评价也作为最终分数的重要参考标准。无形中,这些充当评价者的学生就会自主对译本和译文有更深刻的思考,提升对翻译学习的兴趣,明确学习方向。

(三)过程式翻译教学模式

奈达否定了在表层结构层次上借助所谓"中间语言"将源语直接转换为译语的一步式翻译模式,并根据乔姆斯基的转换生成语法提出了由分析、转换和重构三阶段组成的逆转换翻译模式。20世纪七八十年代出现在德国的功能学派从翻译的目的出发,提出了翻译作为一种跨文化交际过程的循环模式:译者以翻译目的为出发点,对源语情境中的语篇进行分析,确定源语语篇与翻译活动有关的因素,并按翻译目的需要对源语信息进行传译,然后合成译语语篇,译语语篇在译语文化语境中实现翻译目的,从而完成整个循环过程。贝尔则把翻译过程分为分析和合成两个阶段,在每个阶段均存在三个不同的操作领域——句法、语义和语用。译者在这三个领域中的分析原文和合成译文过程也就是进行语际信息传译的实质性过程。以上理论表明,无论采取什么样的具体操作流程,翻译这一行为都是一个能动的过程,都需要译者积极地进行实践。

过程式翻译教学最早出现于20世纪80年代初,最初运用于法国巴黎国立东方文化语言学院日本与朝鲜研究系日法翻译课程,于十多年后逐渐系统化。这种依据建构主义理论建立的过程翻译教学,强调翻译过程中学生要在教师的帮助和指引下,自己发现和掌握需要的知识和技能,同时,特别强调合作学习的重要性。

连淑能教授提出,"以翻译过程为导向的教学法",即联系翻译结果进行指导和讲评,改变了传统的"布置翻译练习—学生提交作业—教师课堂讲评—分发参考译文"

这一注重翻译结果的讲评方式。可以采取如下教学流程：

第一，布置翻译练习时，指导学生做好翻译前的准备。教师预设翻译情景，这些情景所涉及的主要因素有：翻译的要求者对翻译该篇章的具体要求、作者的意图、翻译的目的、译文的读者或使用者、该篇章的文体特点和写作背景、交稿的时间要求等。指导学生自己查找百科全书、词典或网络信息，了解该篇章所涉及的陌生术语、论题、题材、主题材料等。也就是说，教师至少应预设"Who wants to send, what to whom, for what purpose, through which media and at what time and place"。

第二，布置翻译练习时，做必要的译前启发和引导。引导学生注意在翻译过程中可能遇到的问题，包括翻译的原则、策略、方法、技巧、步骤（包括理解、表达、修改）等。

第三，学生可以以翻译作坊的形式共同讨论翻译任务，一同经历翻译过程。交译文时，应注明他们在翻译过程中所遇到的各种问题和尚未解决的问题。

在翻译教学中，翻译作坊可以理解为学生组成小组，就某项翻译任务如何翻译进行讨论并分担工作，通过不断协商，最终确定大家都认可的译文的一种活动。这种教学模式的特点在于：（1）强调小组成员间及学生与教师间相互交流的翻译心得并合作完成翻译任务；（2）通过大量实践训练，帮助学生对翻译过程中涉及语言和非语言的各个步骤进行反思；（3）以培养学生分析问题和解决问题的能力为最终目的；（4）将学生置于教学的中心位置，教师则扮演调解者、组织者、创造者、促进者、监管者、引导者、指挥、教练等角色；（5）对学生的评价更多侧重于学生在翻译过程中做出的努力。

在课堂上，作坊式教学可以分为译前、译中、译后三个阶段。

译前阶段：教师依据学生能力特点和心理特点，将学生分成4～5人一组，教师依据学生的语言能力水平、词汇知识水平和文化能力选择适当文本；在课堂上将文本下发给各小组成员；学生阅读文本，弄清文本类型、风格、读者对象及文本大意，并对不熟悉的术语或不理解的部分画线；小组成员间可分享各自对文本的理解，从而获得对文本的一致理解。

译中阶段：在完成对原文的理解后，各成员可借助词典、百科全书、网络等资料进行初步翻译。在这个过程中，教师变成监控者，监督和组织学生的翻译活动。译前和译中这两个阶段，依据所给材料的长短，时间可在 20 到 30 分钟。

译后阶段：译后阶段主要体现为对译稿的修改和润色。各小组成员向其他组员高声阅读自己的译文，小组成员比较译文，讨论译文不一致的地方及翻译过程中遇到的问题，从而讨论出大家一致认可的译文。之后，将各小组最终拟定的译文发给不同小组成员，进行组间修改。最后各小组将所修改的译文退回原小组，原小组根据修改意见再行修改，并将最终的译文上交给教师。教师再从各个小组中挑选出三四篇最佳译文，当众宣读，让其他同学指出译文的优劣，并提出修改建议。在这个阶段，教师要适当地给予指导和评判，并总结翻译经验和翻译原则，以便在及时反馈学生信息的同时，掌控学生的翻译活动，使全班学生既意识到各自的问题，又可以看到别人的问题。

第四，讲评翻译作业时，方式可以多种多样，包括教师讲评和学生互相评议。教师讲评时应注重分析、启发和指导翻译的过程、步骤、方法、技巧和学生所提交的问题，可以采用交互式、互动式提问和讨论，让学生最大限度地参与讲评的全过程。教师应提倡学生在课下互相观摩学习，在讲评翻译作业时，教师既要指出存在的问题，也要肯定翻译佳作，鼓励学生独立思考、敢于创新。允许学生做出不同译文，不强求千篇一律或与参考译文一致，同时对不同译文进行评估。

整个翻译过程中，学生成为主动者，能够分析各种因素，掌握相关的依据，突出翻译中的重点，创造出好的译文。实践证明，过程式教学法使学生学会发挥主体作用，积极创造译文，为翻译能力的发展提供了良好的基础。

第六章 高校英语教学中教师专业化发展的必要性

第一节 教师专业发展对高校英语教师的要求

当今世界,科学、技术、经济、环境等影响人类生活的各个领域都在不断地发生变化,使教育面临着各种问题和挑战。教师只有追求专业发展,才能在充满挑战的工作环境中生存和发展。教师专业发展对高校教师提出了更高的要求。

教师专业发展对高校英语教师具有双重含义:一层含义是高校英语教师追求自身的专业发展,另一层含义是为大学及其他中高等专科学校英语教师的专业发展提供服务,最终促进教师队伍整体的专业发展。但两者是密切联系的。教师专业包括学科专业和教育专业,教师专业发展就是教师通过学科和教育领域专业知识的增长和更新以及教育教学技能和能力的提高而成为学科和教育两方面的专家。高校英语教师的专业发展包括在英语语言知识和运用能力方面的不断丰富和提高、在个人研究方向(如语言学、英美文学、翻译、英语教学论)的知识深化更新和对该领域最前沿知识的掌握,以及在课程的教法和教育知识方面的提高。因为高校教师的专业素质对高等教育质量具有重大影响,是培养优秀人才的重要条件,所以高校教师自身的专业发展对推动其他各级学校英语教师的专业发展也具有积极作用。大学教师的专业发展包括不断学习和更新学科知识、探索学科教法和掌握满足时代要求的教育知识。高校教师站在学科和教育知识的最前沿,有责任为在校师范生和接受继续教育的大学教师提供服务,以促进他们了解学科和教育的最新知识。因此,参与教师教育的高校教师必须了解基础教育改革的目标和要求,了解课程目标以及了解大学教师的需求。唯有这样,才有可能为基础教育提供有价值的服务。

大学教师中有一种观点,大学既是个务虚的地方又是务实的地方。之所以这样认为,是因为高校教师虽然掌握较多的学科知识和教育教学理论，但对大学教学实践缺乏经验，所提出的观点和方法虽然有时令大学教师感到有道理，但不实用。高校教师如果想在教师专业发展过程中发挥实实在在的作用，就必须深入当今课程改革的第一线，即进入大学进行调查研究。从事师范教育的大学教师需要对我国的基础教育有更多的了解，需要了解大学师资状况、大学的管理机制、基础教育者的教育理念等。只有深入调查研究，才能发现问题，从而使自己的教学和研究工作更具有针对性，使自己成为解决问题型的研究者和教育者，而不是空谈家。高校教师如果缺乏对我国基础教育的了解，而只是一味地赞赏和极力推广国外的某些教育教学理论和方法，就不可能提出令一线教师信服的教育教学观点和方法。在赞赏某种理论和方法的时候，一定要分析它成功的本质，并清楚地认识到它成功的条件。比如，谈到对任务型教学法的运用，我们要认识到它的本质就是给学生创造使用目的语的机会，让学生边学边用，边用边学。至于教学过程中哪个环节上花费的精力和时间更多则因人而异，英语基础好的学生稍一接触新语言材料就能很快进入完成任务的环节，而英语基础差的学生则需要用更多的精力和时间来学习完成任务所需要的语言。所以我们不能说运用任务型教学就一定要把任务放在首位而不进行语言操练。

第二节　高校英语教师在教师专业发展中的作为

近年来，为了加强教师的专业化建设，提高教师的专业化水平，世界各国普遍采取了几方面的措施：提高教师培养的专业化水平；为教师提供专业发展的机会；给予教师专业方面的自主权。推进教师专业发展需要政府部门、教育机构、科研机构、学校领导者和教师的多方努力，需要法律、政策和制度的保障，需要教育理论的支持，还需要教育者的积极投入。而作为高校英语教师，可以在提高英语教师培养的专业化水平方面大有作为。

提高英语教师培养的专业化水平，首先从提高英语教师的职前培养水平着手，即从提高在校师范生的培养质量着手。教师的职前培养是教师专业化的起点，职前培养的专业化水平对教师入职后能否迅速进入角色、胜任教学及教育工作具有重大影响。

英语专业在校师范生所接受的专业教育应该使他们实现以下目标：把"教书育人"看作教师的神圣职责，善于寓正确的思想教育于英语教学之中；具有熟练运用英语的能力，掌握英语语言知识；了解外语教学的基本理论，掌握基本的英语教学技能；善于运用现代教育技术；掌握教育学、心理学和外语教学法知识，能够根据学生的认知水平灵活采用教学方法。围绕这些培养目标，从事师范教育的高校英语教师人人都有责任研究师范教育的课程设置和培养方法，通过各门课程的教学、学术讲座和其他学术活动、教育实习指导和毕业论文写作指导等工作，培养具有基本专业素质的未来英语教师。

提高英语教师培养的专业化水平，还包括提高在职英语教师培训的质量。教育的发展要求教师不断更新教育教学理念，更新知识，提高教学技能，更重要的是，培养其独立发现问题和解决问题的能力，使自己能够在不断变化的环境中得到可持续发展。高校英语教师参与大学教师培训工作，可以促进大学教师开阔视野、提高教育教学理论水平、拓展英语专业知识、提高英语语言运用能力、提高教学技能和教学研究能力。

当今的基础教育改革，要求师范教育的培养和培训适应我国基础教育，特别是新一轮基础教育课程改革所需要的新型教师，因此，从事教师教育的高校英语教师除了上好各自承担的专业课程，还应该了解基础教育课程改革，了解英语新课程，掌握新课程的理念和实施方法，把新课程的内容融入在校师范生培养和教师继续教育的工作中，这样才能引导师范生和受培训教师关注教育现实、关注实际教学问题、探索解决实际教育教学问题的理论和方法。

了解和研究基础教育课程改革，是从事教师教育的高校教师的工作需要。许多英语专业教师都有指导本科生教育实习和撰写毕业论文的任务，许多高校教师都参与大学教师的培训工作，许多硕士生导师都承担着教育硕士的教学和指导工作，有些高校教师还参与高考命题工作。而了解英语课程改革的目标、理念和内容，是胜任这些工作的必要条件。

了解英语新课程的基本理念，将有利于调整高等院校对基础教育教师培养和培训的内容及教学方式，使之适应培养和培训新课程教师的需要。

（1）注重素质教育，促进全面发展。注重素质教育的含义是："英语教育应该与其他学科教育共同努力，促进学生素质的全面发展，提高学生的人文素养，增强实践能力和创新精神。"通过英语课程的学习，学生应在情感态度、综合语言运用能力、学习能力、思想品质、科学精神等方面都得到提高。

（2）面向全体学生，尊重个体差异。面向全体学生意味着使每一位学生都得到发展，而不是只注重培养少数尖子学生。学生之间存在的差异主要表现在兴趣爱好、学习风格、学习基础、学习潜能等方面。尊重个体差异，就是教师不能对所有学生制定统一的标准、使用单一的教学材料以及采用一样的教学方法，而应根据不同学生的特点因材施教。

（3）整体设计目标，体现灵活开放。以学生"能够做某事"具体描述每个级别的要求。这种整体目标的设计便于实现国家三级课程管理，从而克服由于各种差异给英语教学造成的障碍。

（4）强调学习过程，倡导体验参与。新课程提倡采用既强调语言学习过程又有利于提高学生学习成效的多种语言教学途径和方法，鼓励学生在教师引导下，通过体验、参与、实践、探究、合作等方式，发现语言规律，逐步掌握语言知识和技能，并不断调整情感态度，从而形成有效的学习策略和自主学习的能力。

（5）注重评价过程，促进学生发展。新课程要求改变过去那种过分重视对学科知识的考查，重结果、重成绩、重甄别与淘汰的评价方式，强调注重过程的评价，以促进学生的发展。注重过程的评价，就是加强形成性评价。

（6）开发课程资源，拓展学用渠道。在传统的教学中，课程资源几乎只有一套教科书。在当今信息时代，我们有了更丰富的课程资源，教师应善于发现并将它们运用到教学中，同时还要引导学生学会利用各种学习资源，丰富学习方式，学会学习。

新课程提出新的教学观念和教学方式，给大学教师提出了多方面的挑战。英语新课程要求教师转变角色，从知识的传授者变为学生学习的促进者、课程的开发者、教学研究者；新课程的结构和内容都发生了很大变化，增加了许多新知识，科技、外国文化、环境、旅游交通、自然、社会、文学艺术等都成为英语新课程的教学内容；新课程要求改变教学方式，培养学生探究、合作和自主学习的能力。如何实施新课程，是大学教师深感困惑的问题。为了回应挑战，大学教师迫切需要不断更新专业知识和能力结构、掌握课程开发的知识和技能。各级教育领导部门都努力为大学教师的专业发展创造条件，与大学合作就是重要措施之一。从事师范教育的高校英语教师如果不了解新课程，就不可能在大学教师的培训中确定有针对性的内容，就不可能满足大学教师提高专业素质的需求。

  教师的教育教学观念和教学方式方法总是在无形中影响着学生,因此,承担教师教育的高校英语教师应该在教学和培训过程中起到良好的示范作用。首先,高校英语教师要了解多种教育理念,从中吸取适合自己教育教学情境的东西,以指导自己的教育教学行为。例如,创新教育理念主张全面发展学生的智慧品质;合作教育思潮强调教育教学以建立师生之间的合作为基础;认知学习理论主张教师要培养学生的认知策略和认知能力;建构主义教学观告诉教师要努力创造适宜的学习环境,以使学习者能积极主动地建构他们自己的知识;发现教学法旨在发展学生的智力,培养学生的探究思维能力。如果这些教育理念在高校教师的教学行为中体现出来,那么,它们就有可能潜移默化地融入学生的思想中,并影响他们未来的教学行为。其次,高校英语教师要改变自己的教学方式。课程改革倡导大学教师改变满堂灌的教学方式,不要把学生当作被动接受知识的容器,而应调动学生的主动性,引导他们主动探究发现知识,通过实践发展能力。实际上,高校教师也需要改变教学方式,根据教学内容和教学对象有选择地采用讲解、讨论、学生报告、专题研究等方式,让学生在探究、实践中发展能力。另外,高校教师应表现出良好的职业道德。责任心、耐心、公正、敬业、正直、尊重别人、尊重权威等品质是教师必须具备的,而具有良好职业道德的教师必然受到学生的尊敬,也会被学生视为楷模。

  从事师范教育的大学教师应与其他大学教师结成研究伙伴,建立教育及教学研究的合作关系。在基础教育方面,大学教师理论多实践少,而其他大学教师实践多理论少,两者结合能够取长补短,促进理论与实践的结合,达到用理论指导实践,又在实践中验证理论、发展理论的目的。在基础教育英语课程改革中,从事师范教育的英语教师,尤其是英语教学研究者,应积极研究新课程在实施过程中的成功经验和遇到的问题。在实施新课程的过程中,既有大量的成功经验,又遇到不少问题。经验需要总结和推广,问题需要研究和解决。这两项任务都需要师范院校的积极参与。高校教师与大学教师共同研究教育教学问题,共同探索符合中国国情的英语教学理论和方法,为英语课程的发展提供理论和实践支持,这样就能够实现大学教师与大学教师专业发展的双赢。

第三节 教师专业发展的内在动力——反思性教学

教师专业发展需要政策的保障和培训项目的支持,但这些都是外部条件,而促进教师专业发展的内部因素是教师自身主动的专业发展追求。反思性教学就是教师提高自身素质的主动行为,是教师专业发展的内在推动力,因此它是教师专业发展的关键。

一、反思性教学的内涵

反思性教学源于美国教育家杜威的反思行为的概念。20世纪早期,杜威对人类的反思行为和常规行为进行了区分,他在该方面的许多论点都是针对教师而言的。

常规行为是受冲动、传统和权威引导的行为。在任何社会背景下,人们对日常的现实都有一种想当然的态度,其目的、问题以及解决方法都以一定的方式确定下来,只要生活在没有被打扰的情况下继续下去,这种现实就被认为是没有问题的。不知道对工作进行反思的教师就会不假思索地接受学校中的日常现实,然后努力寻求最有效的方式达到目的,解决那些主要由别人给他们界定的问题。这些教师没有看到一个事实,即他们的日常现实只是众多可能选择的方式之一,另外,他们往往还会忘记自己工作的目的。

反思行为包括对任何信念或实践进行的主动的、持续的、仔细的思考,既考虑支持该信念或实践的依据,又考虑它导致的结果。杜威认为,反思包含对问题的回应方式。反思型教师反思他们的教学以及他们的教学所置身的教育、社会和政治环境。

反思性教学是教师为改进教学而对教学进行的反思行为,包括收集有关教学的数据,对自己的信念、态度、价值观、知识、假设、教学实践以及社会所给予的机会和限制进行批判性思考,从而寻求其他方法,以便更有效地达到目的和目标。

Pollard认为反思性教学有六个特征:

(1)主动性与质疑性特征:反思性教学积极关注教学的目的和结果,也关注达到目的的方式和方式的有效性。教师首先关注的是教学的目标和目标的实现,同时,教学不是孤立存在的,它与社会有密切的联系,因此教师必须以一个职业家的眼光,对不合适的教育政策、不实际的教育目标以及不正确的教育价值观提出疑问和反思。

（2）动态性和循环性特征：反思性教学采用循环和螺旋式上升的方式，教师在这个过程中不断地调节、评价和改进自己的教学。通过这个动态的过程，教师要计划、准备、实施、收集数据、分析和进行评价、做出判断和决策，然后进一步调整计划，实施下一个循环的反思与研究，不断推进教学质量的提高。

（3）实践性和实验性特征：反思性教学要求教师掌握进行课堂教学研究的方法，以支持教学能力的发展。进行反思教学，教师需要具备三种能力，即实验能力、分析能力和评价能力。实验能力指实验中的数据收集，其能够描述教学现状、教学过程，分析原因和结果的能力。这里的数据既包括客观的数据，如量化数据、考试数据、问卷调查等，也包括主观的数据，即对情感、观点和看法等数据的收集。分析能力指对数据的解释的事实只能是事实，只有经过解释和分析的事实才有意义和价值。评价能力指对研究的结果做出判断，使结果有被应用和借鉴的能力。

（4）开放性特征：反思性教学要求教师具有开放的态度、高度的责任心和全身心地投入精神。要能够听得进他人的不同意见，敢于对自己的信念提出疑问和挑战，能够主动了解不同渠道的意见和信息，这些都是开展性反思教学非常重要的前提。此外，教师要认真地考虑每一个行动步骤的结果是否与社会道德和教育价值观相符合，要本着对社会、家长和学生负责的精神开展教学反思活动。最后，全身心地投入教学是成为反思型教师的必要条件。

（5）调节性与职业性特征：反思性教学建立在教师的职业判断能力的基础上，职业判断能力的形成一部分来自反思，一部分来自教育学科研究的理论与实践。教师知识是不容忽视的实践性知识。不论每个教师受过什么样的教育，在什么样的学校工作，他都有自己的教学信念和实践性理论，尽管他不一定能描述出来，但是这些信念和理论都在潜移默化地指导和影响着他的教学和他在教学中的决策，是他做出职业判断的基础。反思性教学可以使教师把这种潜在的信念和实践性理论从隐性转化为显性，在实践中进一步得到检验，进而初步上升为具有指导意义的教学理论。教师的职业判断能力还来自教育科学的研究成果，因此，加强教育学科理论的学习是反思的必要基础。

（6）合作性和有效性特征：反思性教学、专业化发展和个人的价值实现在与同事和研究者的合作与对话中得到相互的促进和强化。教师如果能够与同事、学生、学校和研究者共同合作开展反思性研究,将会使教学、教师和学生得到最大限度的发展。

二、反思型教师的特征

教师专业发展要求教师做反思型教师。反思型教师会在各个层面评价自己工作的起源、目的和结果。Eichner&Liston指出,只是对教学进行思考不一定构成反思性教学,"如果一个教师从来不对引导他/她工作的目标和价值观、他/她工作的环境进行质疑,从来不审视自己的假设,我们就认为这个人没有进行反思性教学"。反思型教师应具备某些突出特征。

杜威指出,开放、负责和全身心投入的态度是反思行为的先决条件,这三种态度也应是反思型教师的特征。开放态度指的是有积极的愿望听取多方意见,并对其他的可能性给予充分的注意,敢于承认即使我们认为最重要的信念也有存在错误的可能。反思型教师对教学内容、教学方法和教学步骤都抱有开放的态度。有些刚参加工作的年轻教师,每隔一段时间就主动与学生交谈,及时了解他们对教学的看法,或让学生写出对教学的意见和建议,以此作为改进教学的依据。这就是开放态度的体现。又如,一个教师来到一所新的学校,面对这里习惯采用的教学模式会采取何种态度?是不加思考地接受并沿袭,还是以质疑的态度对其进行分析然后探索更加有效的教学方法?具有开放态度的教师不会盲目地接受任何一种教学模式。

负责态度是指对一个行为导致的结果给予仔细的考虑。有责任心的教师根据自己对教育目标的认识自问为什么在课堂上做自己所做的事情。学校教给学生的不都是正式批准的课程,教师行为对学生的影响也不都是事先可以预测的。鉴于那些"隐性课程"的实际教育结果和教师行为不可预测的结果对学生具有极大的影响,因此对教学行为的潜在影响进行反思就显得极为重要。例如,如今我国的英语新课程以培养学生综合语言运用能力为教学总目标,因此,新教材的内容丰富,词汇量也大大提高。但由于课时所限,教学中教师不得不对教材内容进行删减。有责任心的教师在删减教材时持谨慎态度,会从知识、技能、文化意识、情感态度等多个角度考虑删掉某些内容对学生会有什么影响。

全身心投入的教师会把时间和精力奉献给所有学生,而不只是某些学生。全身心投入的教师为自己的信念和追求高质量的教育进行不懈的奋斗。他们"经常审视自己的假设（assumption）、信念（belief）以及自己行为的结果，并且以能够学会新东西的姿态面对各种情形"。就英语教师而言，每个人在教学中都有一些信念和假设。如果对某个观点的正确性坚信不疑，那就是信念；如果认为某个观点正确但不能证明，那就是假设。我们的信念和假设指导着我们的行为，受错误信念和假设指导的行为会给学生带来不利的结果，因此，审视并修正自己的信念和假设对教师来讲是十分必要的。

三、反思性教学的过程

把反思性教学的过程描绘为一个循环的过程，其中包含五个要素，也可称作五个阶段。

（1）描绘（mapping）指观察自己的教学和收集自己教学的信息。这可以通过录音或录像进行，但最好的方法是写。教学日志就是教师培训中运用的一种记录教学实践的工具。在教学日志中，我们可以描绘和记录常规课堂行为和有意识的教学行为、与学生的会话、一堂课里的关键事件、作为教师的个人生活、自己的教学信念、我们认为影响我们教学的课堂之外的事件、我们本人的语言教学观和学习观。在观察和收集信息阶段，描述我们自己采用的语言教学方法非常重要。Bartlett 特别指出，为反思而写的教学记录要关注那些可以解决的"小"问题；另外，要在一堂课或一连串课程之后立即记录。

（2）明了（informing）是指在描绘教学情况的基础上，我们发现所描绘的事情背后的含义（meaning）。在这个阶段，我们再次翻看原来的记录，添加新的内容，发现其中的含义。在一堂课或一连串课之后，我们自己或通过与其他人讨论而理解了教学的含义，其有可能区分教学常规和有意识的教学行动，并揭示它们背后的原则。在反思性教学阶段，我们开始寻找支持我们教学的原则，寻找我们教学的理论基础，我们发现我们对自己有关教学的想当然的想法开始感到不太确定。我们所要寻求的不是正确的或最确定的解决问题的方法，而是通过有根据的选择寻找尽可能好的方法。

（3）质疑（contesting）就是对我们的教学理念和理论进行质疑。有效的质疑方法就是与同事、学生、家长及其他相关人员进行交流，使他们了解我们对教学的理解和我们采用特定教学方式的理由。质疑我们的教学理念和理论意味着揭开我们假设的世界。随着我们教学经验的积累，我们对最好的教学方法形成了某些假设，对我们假设的世界进行质疑可能意味着摒弃我们先前有关教学的"无可置疑的"理念。在描绘和明了阶段,我们思考我们采用的教学理论。在质疑阶段,我们面对并可能开始摒弃指导我们教学行动的理论,对教学实践进行质疑的结果就是寻求其他举措。

(4)评估(appraisal)是把思考与行动相联系的开端,是为了寻求与我们对教学的新理解相一致的教学方式。Bartlett指出,一个简便的评估方式就是问这样的问题:"如果我改变……,那么给学生的学习将会带来什么后果?"所以,当我们确信新的举措有利于学生学习的时候,我们才可以实施。

(5)行动(acting)就是把新的教学想法实施到教学实践中。这一要素与反思性教学过程的前几个要素是密切相关的。我们先描绘我们的行动、揭开这些行动背后的理论和假设、对这些理论进行批评性审视、评估其他可选择的举措,然后开始行动。通过这些步骤,我们可以重新安排我们的教学实践。

这五个要素是构成反思性教学的过程,但是这些要素不是线性或按照固定顺序排列的。也就是说,在进行反思性教学的时候,教师可能要多次经过这个循环过程,一个要素不一定总是跟着前一个要素。在采取不同的行动举措的时候,某个要素还可能在循环过程中被省略掉。

由于教学反思与行动研究密切相关,所以在论述行动研究的时候,王蔷认为Pollard的教学反思过程实际上就是行动研究的过程。从这个教学反思过程图中我们可以看出,行动是重点。反思之后的计划和实施准备阶段都是为了更好地行动,而行动(即实施新的教学方案)之后的收集数据和分析数据又都是为了对新方案实施的结果进行评价。

根据杜威的论述Bartlett的反思性教学过程要素图和Pollard的教学反思过程图,我们可以清楚地看到,反思性教学是一个不断循环的过程。反思型教师经常观察自己的教学,并把课堂上发生的给自己留下深刻印象、引起自己的好奇心或值得思考的事情记录下来。可以采用的手段有录音、录像、写教学日志等。

记录的过程也是思考的过程,在记录的过程中一些问题会引起教师的特别关注。然而随着时间的推移和教学工作的继续进行,某个或某些问题会凸显出来,使教师产生解决这些问题的强烈愿望。

参考文献

[1] 卢昕，马春线，宋凯. 高校英语教学的基础理论与应用研究 [M]. 北京：九州出版社，2017.

[2] 任文林，张雪娜，郑伟红. 新时期高校大学英语教学研究 [M]. 成都：电子科技大学出版社，2017.

[3] 周帆. 高校英语教育教学理论与实践研究 [M]. 长春：吉林大学出版社，2017.

[4] 宋建勇. 高校英语任务型教学与评价研究 [M]. 西安：西安交通大学出版社，2017.

[5] 李慧君. 高校专门用途英语教学理论与实践 [M]. 长春：吉林人民出版社，2017.

[6] 陈晓丽. 高校英语慕课与翻转课堂教学模式研究 [M]. 成都：电子科技大学出版社，2017.

[7] 司炳月. 信息技术支持下的大学英语教师自主教学能力研究——基于辽宁省部分高校的调查 [M]. 北京：中央编译出版社，2017.

[8] 教育部高等学校大学外语教学指导委员会. 第7届"外教社杯"全国高校外语教学大赛（大学英语组）总决赛获奖教师教学风采 [M]. 上海：上海外语教育出版社，2017.

[9] 方燕芳. 英语思维与英语教学 [M]. 成都：电子科技大学出版社，2017.

[10] 黄洁芳. 课程改革情境下高校英语教师认知发展研究 [M]. 北京：新华出版社，2017.

[11] 唐君. 高校英语信息化教学研究 [M]. 北京：中国国际广播出版社，2018.

[12] 蒋大山，张宗宁. 教育转型发展与高校商务英语的创新教学研究 [M]. 长春：东北师范大学出版社，2018.

[13] 黄音频."一带一路"倡议框架下的高校商务英语专业教学改革新思考 [M]. 长沙：湖南师范大学出版社，2018.

[14] 刘智慧. 高校学术文库人文社科研究论著丛刊 英语读写一体化教学模式探究 [M]. 北京：中国书籍出版社，2018.

[15] 周毅. 旅游英语 [M]. 重庆：重庆大学出版社 2018.

[16] 张敏. 大学英语教育教学理论与实践探究 [M]. 北京：中国商业出版社，2018.

[17]《高等学历继续教育学士学位英语考试大纲及指南》编写组. 高等学历继续教育学士学位英语考试大纲及指南 [M]. 合肥：安徽大学出版社，2018.

[18] 马超. 生物制药专业英语 [M]. 北京：知识产权出版社，2018.

[19] 武卫. 中国高校学生英语词汇自动性能力研究 [M]. 广州：华南理工大学出版，2018.

[20] 徐家玉. 信息技术背景下高效英语教学理论体系的建构与探索 [M]. 长沙：湖南师范大学出版社，2018.